THE REAL 이건희

이 책은 방일영문화재단의 지원을 받아 저술·출판되었습니다.

권세진 엮음 · 현명관 감수

THE
REAL
이건희

이건희의 진짜 목소리로 소개하는 삼성 신경영

ChosunMedia
조선뉴스프레스

서문

이건희의 내밀한 속마음을
그의 목소리로 듣다

이건희에 대한 책은 이미 수없이 많이 나와 있지만 이 책이 자신 있게 '더 리얼(THE REAL) 이건희'라는 제목을 사용한 이유는 분명하다. 이 책의 내용은 그동안 공개되지 않았던 이건희의 육성, 즉 직접사료(史料)이자 1차사료이기 때문이다.

이건희는 대한민국을 대표하는 불세출의 기업인이지만 그가 직접 등장하는 동영상이나 음성 기록은 극히 적다. 세간에 알려진 '이건희 어록'의 원 자료 역시 극히 한정적으로, 삼성 내부 자료에 남아 있는 연설문과 극소수의 언론 인터뷰, 에세이 1권(《생각 좀 하며 세상을 보자》, 1997년 동아일보사 발간) 등에서 발췌한 것이다. 다른 기업 총수들과 달리 언론에 전면 등장하는 일이 거의 없다 보니 자료가 많지 않았고, 2000년대 후반부터 사실상 경영에 직접 나서지 않았다.

또 2014년 이후에는 병세가 깊어지며 두문불출하면서 그동안의 '이건희 연구'는 제자리에 머물러 있을 수밖에 없었다.

특히 2007년 '김용철 사태' 이후 그룹 해체, 2014년 심근경색으로 쓰러진 후 생성된 각종 루머, 2017년 국정농단 사태 후 삼성 오너 일가에 닥친 어려움 등이 이어졌다. 이재용 삼성 회장이 사면 복권 된 것은 이건희 사후 2년 이상 지난 후다. 이런 사연으로 삼성은 이건희 전 회장이 사망한 지 2년 이상 지났지만 위인(偉人)의 사후 일반적으로 이뤄지는 공식 추모행사나 기념장소 건립, 다큐멘터리 제작, 평전 출간 등은 엄두도 내지 못한 상태다.

이건희의 진면목은 사망 후에 밝혀졌다. 필자는 2020년 10월 25일 이건희 사망 직후 그의 목소리가 담긴 40여 개의 육성 녹음 테이프를 입수했고 내용 일부를 〈월간조선〉 2020년 12월호에 보도했다. 테이프는 모두 이건희가 1993년 프랑크푸르트선언으로 시작한 '신경영'을 진행하면서 그룹의 대소사를 하나하나 챙기고 지시했던 1993~1996년의 것이다.

이건희는 1987년 삼성그룹 회장에 취임했지만 1992년까지는 대외활동을 활발히 하지 않았다. 또 신경영이 어느 정도 자리잡은 1990년대 후반부터는 그룹의 대소사를 직접 챙기기보다는 비서실에 많은 권한을 이양했고, 비서실은 구조조정본부-전략기획실-미래전략실로 이름을 바꾸며 삼성그룹의 실세가 됐다. 따라서 1993~1996년은 이건희가 일생동안 가장 활발히 업무에 임한 시기이면서 미래 비전을 마련하고 추진해 세계적인 기업 삼성의 기초를 만들었던 시기다. 삼성 신경영의 기초가 이 시기의 이건희 육성녹음 테이프에 모두 들어 있다고 해도 과언이 아니다.

이토록 귀중한 사료를 단독입수하게 된 것은 그 시점에 이건희 삼성그룹 회장 비서실장을 지냈던 현명관 전 삼성물산 회장과의 특별한 인연 때문이다. 이건희의 신경영 초반 3년간 비서실장으로 일하며 이건희와 가장 가까이에서 많은 시간을 함께한 그는 이건희와 대면보고 또는 전화통화 당시의 내용을 녹음한 테이프를 한 상자 가득 30여 년간 보관하고 있었다. 테이프가 존재하는 이유는 물론 이건희가 "매번 내 말을 녹음해 놓고 잊지 말고 실행하라"고 지시했기 때문이었다.

이건희 사망 직후 현명관 전 회장은 필자에게 "그동안의 이건희 어록은 극히 한정돼 있어 이건희에 대해 사람들이 제대로 알지 못하는 것 같다"며 "그가 얼마나 삼성과 국가와 사회의 미래에 대해 고민하고 치열하게 미래전략을 세웠는지 생생하게 들려주고 싶다"며 테이프의 일부 내용을 제공했다. 또 "지금처럼 한국과 세계 경제가 어려운 상황에서 기업인들과 국민에게 이건희의 경영혁신과 경영철학, 국가와 사회를 보는 시각에 대해 알리고 싶다"고 덧붙였다.

약 3년간에 걸쳐 만들어진 테이프의 총 분량은 약 1,000분(分)에 달했고, 대부분 이건희가 길게 이야기를 하면 비서실장이 짧게 대답을 하는 식이었다. 내용은 업무지시와 미래에 대한 걱정과 대안, 새로운 아이디어 제안 등이 섞여 있었다. 이건희 혼자 1시간 이상 이야기하는 일도 흔했다. 누가 "이건희는 신중하고 말수가 적다"고 했던가. 그는 엄청난 다변가(多辯家)였다. 동년배인 비서실장에게 삼성그룹 경영에 대해서만 이야기한 것이 아니라 미래에 대한 예측, 혁신적인 아이디어, 국가 발전에 기여할 방법, 사회에 공헌하는 방법에 대해 생각나는 대로 말하거나 전화를 걸어 이야기했다. 뿐만 아니라 자신의 어린 시절 이야기, 삼성가의 집안 이야기, 형제와 조카들에 대한 이야기, 살면서 느낀 감정 등 내밀한 이야기까지 모두 털어놓았다.

들으면서 감탄한 발언이 몇 가지 있다. 지금은 너무 당연해서 놀랍지 않을 수도 있지만 인터넷도, 스마트폰도 거의 보급되지 않았던 1993년의 이야기라는 점이 중요하다.

#1997~1998년에 우리나라에 진짜 불경기가 온다 #지금 제1, 2 이동통신에서 곧 4, 5이동통신 시대가 온다 #10~15년 후에는 카드 하나로 전 세계에서 결제도 되고 전화도 되는 세상이 온다 #21세기엔 개인이 전부 전화를 갖고 세계 어디에서도 전화가 다 된다 #자동차는 기계가 아니라 정보통신제품이다 등 모두 정확하게 미래를 예측했다. "1,000억~2,000억 원을 들여서라도 물사업을 연구해라. 21세기엔 물이 더 중요해진다"고도 했다. 이런 미래를 예측하고 준비하지 않았더라면 세계 반도체와 스마트폰 시장을 점령하고 있는 지금의 삼성은 없었을 것이다.

이건희의 가치는 삼성을 세계 초일류기업으로 만든 것뿐만이 아니다. 이건희는 대한민국의 기업문화와 사회문화를 확실히 바꿔놓았다. 그는 "나라가 못살면 국민이 인정을 못 받는다"며 "삼성은 국가적, 사회적 책임을 가져야 한다"고 공언했다. "삼성이 하면 기준이 된다"는 이건희의 말대로 고졸-여성 사원 차별 철폐, 사원복지, 사회공헌 등 삼성에서 시작된 변화는 곧 다른 대기업으로 퍼져나갔다. 이밖에도 이건희는 각 계열사의 경영은 물론 인사와 부동산, 언론, 홍보, 대관업무까지 일일이 챙겼고 사업분야별로는 선대에서부터 이어온 기존 계열사 사업 외에도 의료, 제약, 보육, 시니어, 문화, 예술, 스포츠, 애견, 패션, 장례 등 손을 뻗지 않은 곳이 없었다. 미래를 대비하기 위한 인공지능과 자율주행, 우주산업 등에도 관심을 가져 소련 해체 후 소련 연구소의 고급인력 스카우트에 나서기도 했다.

프랑크푸르트선언 30년 후 선보이는 이 책은 지금까지의 이건희 관련 도서와는 다르다. 기존 자료를 통해 이건희를 연구한 책이 아니라 '진짜 이건희'를 보여줘 인간 이건희 그 자체를 독자들이 접하고 이해할 수 있도록 한 책으로, 설명보다는 이건희의 말 그대로를 옮기는 데 주력했다. 이건희의 육성 중 사적인 내용 및 기업기밀에 해당하는 내용은 제외하고 의미가 있거나 귀감이 될 만한 말들을 모아 이건희가 경영과 인생에 걸쳐 가장 중점을 뒀던 5개 파트로 나누어 정리했다. 각 파트의 소제목은 모두 이건희가 한 말 그대로다. 소제목 아래에 이건희의 말을 육성 그대로 지면에 옮겼고, 그 아래에 독자의 이해를 돕기 위해 상황 및 배경 설명을 덧붙였다. 일부 내용은 세간에 이미 알려진 것들이지만, 이 책의 텍스트는 이건희가 직접 육성으로 남긴 말임을 다시 한 번 강조한다.

이건희를 그리워하는 사람들에게, 세계시장을 향해 나아가는 기업인들에게, 4차 산업혁명 시대에 세상을 바꾸고자 하는 젊은 이들에게 이건희의 육성은 귀중한 자료가 될 것이라 기대해 본다.

목차

Part 1. 삼성을 바꾸다

Part 2. 조직을 바꾸다

Part 3. 사람을 바꾸다

Part 4. 국가와 사회를 생각하다

Part 5. 미래를 설계하다

Part 6. 삼성家 이야기

Part 1

삼성을 바꾸다

이건희는 1987년 11월 삼성그룹 회장에 취임했다. 만 45세 때다.
이듬해인 1988년, 이건희는 삼성 창업 50주년을 맞아 삼성을
세계 초일류기업으로 만들겠다는 '삼성 제2 창업'을 선언했다.
신경영의 기조인 '질(質) 위주의 경영'도 이때부터 주창했다.
그러나 40대 후반의 나이에 이병철 창업주의 3남이었던 그가
그룹을 다잡기는 쉽지 않았다. 회장 취임 직전까지 이건희의
경력은 중앙일보와 동양방송 등 그룹 핵심이 아닌 계열사
중심이었고, 그룹의 컨트롤타워인 비서실과 그룹 사장단은
대부분 '이병철의 사람들'이었다. 여기에 이건희가 교통사고
후유증에 시달리며 외부활동을 하지 못하면서 삼성은 몇 년간 큰
변화없이 흘러갔다.

변화의 시작은 1993년 6월, 이른바 '프랑크푸르트 선언'이다.
이건희는 독일 프랑크푸르트에서 사장단 회의를 소집하고
여러 시간에 걸쳐 열변을 토하며 혁신을 강조했다. "마누라와
자식만 빼고 다 바꿔라"는 말이 여기서 나왔고, '삼성 신경영'은
프랑크푸르트 선언부터 시작된 것으로 알려져 있다.

프랑크푸르트 선언 후 이건희는 그룹을 완전히 바꾸기 위해서는 자신이 직접 나서야 한다는 결심을 하게 된다. 이때부터 이건희는 비서실에 자신이 지시하는 내용을 모두 녹음하고 차질없이 진행할 것을 당부하며, 사장단 회의에서도 '일장연설'을 자주 하게 된다. 사장단 회의에 참석하지 못할 때는 비서실장에게 지시사항을 설명하면서 "녹음해 놓고 사장들한테 그대로 틀어줘라"고 했다. 테이프가 다량으로 남아 있는 이유다. 신경영 초기 이건희는 세계화 시대에 앞서나가려면 완전한 변화가 필요하다는 취지의 이야기를 여러 차례 반복한다.

세계화 속에서 미래를 예측하면서 일하길 주문했고, 이를 위해 자신이 속한 업(業)의 개념을 완전히 이해하고 전략을 세우라고 지시했다. 물론 회장이 지시한다고 해서 삼성그룹이 단시간 만에 변화하지는 않았다. 세계 시장에 반도체를 수출하는 삼성전자는 비교적 일찍 변화할 수 있었지만 건설, 금융, 서비스 등 계열사들의 변화가 보이지 않자 이건희는 계열사 중역 간담회, 직원과의 만남 등을 통해 끊임없이 변화를 요구했다.

이건희 삼성그룹 회장이 1993년 6월 독일 프랑크푸르트 캠핀스키 호텔에서
200여 명의 임직원들에게 품질경영의 중요성을 역설하고 있다.
ⓒ 월간조선DB

1990년대는
과거 변동의 시기와는 달라,
심각하다

"신경영은 1~2년에 끝내는 것이 아니고 앞으로 이렇게 가자는 시작에 불과한 거야. 이것이 하나의 시대의 흐름이고, 세계 전체의 흐름이지. 한두 마디로 해서는 안 변하더라고. 부분적으로는 1970년대 말부터 계속 해온 얘기야. 1970년대 말부터 1990년까지 계속 얘기해도 안 변해. 각자 환경과 위치가 다 달랐기 때문에 귀에 들어오지도 않았고 전달하는 사람도 구태의연한 방식이었지. 그래서 1993년부터 적극적으로 해나간 게 질 경영, 삼성 신경영이야. 외부사람들이 듣기엔 이게 갑자기 시작한 것같이 들릴지도 모르지만 나 자신은 적어도 1970년대부터 계속 해왔던 건데 전달이 안 되고 실감이 안 나더라. 이제 세상에 화제가 되고 안보다 밖에서 삼성의 변화에 대한 반응이 크고 기대도 커졌어. 그러니까 이제 내 말을 좀 들으려고 하는 분위기가 됐더라고. 다들 될 수 있으면 변하기 싫고 편한 게 좋겠지. 옛날에도 잘 해왔는데 이대로 가는 게 편하겠지. 이게 몇 십년 전 같으면 넘어갈 수 있어. 근데 1990년대라는 건 과거 변동의 시기하고는 좀 달라. 세계사만 봐도 세기 말이 되면 변화가 커. 세기 말 세기 초의 변화는 수백 년 전엔 몇개 나라 몇 개 지역에서만 일어났었는데, 요새처럼 통신 교통 정보가 발달하고 전 세계가 24시간 이내에 이동이 되는 시대에는 변화는 세계적인 거야. 서로 얽히고 영향을 주고받으면서 고유의 문화 개성은 더 살려야 되는 복잡한 시대가 오늘날의 현실이라고. 어제의 적이 오늘 내 편이 되고, 한일관계 하나를 봐도 감정은 남아 있지만 끊고는 살 수 없는 복잡한 관계잖아. 복잡하게 살지 않으면 살아갈 수가 없어. 그러니까 각 나라는 이해하고 파악하고 연구하지 않으면 존재할 수도 없고. 이렇게 심각하게 세상이 변하고 있는데 삼성 임직원, 특히 중역 사장들이 나만큼 심각하게 생각을 해주셨냐. 좀 부족하지 않나 싶어. 세계와 한국이 바뀌어버려서 이제 뒤로 물러설 수가 없어요. 이 점을 깊이 심각하게 생각하시고. 각자의 회사가 국내에서 일류가 되겠느냐라는 걸 다시 한 번 생각해봐. 각자가 어느 정도 그룹에 기여하고 회사에 기여하고 있는지."

-

1993년 6월 신경영 선언 후 1994년 1월 그룹 사장단 회의를 주재한 이건희는 70여 분에 걸쳐 신경영에 대해 설명한다. 사실 신경영은 이건희가 몇 년째 강조해 왔지만 주목받지 못했고 삼성 내부에서도 큰 반향이 없었는데, 프랑크푸르트 선언이 TV 프로그램을 통해 방송되면서 언론은 이건희에 관심을 집중하게 된다. 오전 7시부터 오후 4시까지 근무하는 7-4제 역시 기존의 틀을 깬 파격적인 인사제도로 높은 평가를 받았다. 이때부터 이건희는 '이제야 본격적인 변화를 할 수 있겠다'고 생각하고 본격적으로 자기 사람을 심는 인사에 나섰고, 전 그룹에 걸친 혁신을 주문했다. 그때까지만 해도 이건희보다 나이가 많은 사장들이 많았고 '이병철의 사람들'도 여전히 존재했다. 이건희는 프랑크푸르트 선언을 계기로 비서실장을 공채 출신이 아닌 인물로 교체하고 파격 인사를 실시했으며, 자신의 뜻을 거침없이 밀어붙이기 시작했다.

자기 업(業)의 개념을
제대로 파악하고 있나?

"자기 업의 개념을 제대로 파악하고 있냐고. 예를들어 호텔업은 한국에서 언제 시작됐어? 주막집이야. 거기서부터 어떻게 변천해왔나, 우리나라 국민성과 분위기에 내 회사의 업이 어떻게 맞거나 부딪치는가, 어떤 규제를 완화하고 철폐해야 내 업이 발달하나, 이걸 알아야 전략을 세울 수 있다는 거야. 이런 기초적이고 기본적인 걸 모르는 상황에서 회장이 소리지른다고 해봤자 발전이 있겠어? 오래된 회사일수록, 거기다 자산이 많은 회사일수록, 규모가 큰 회사일수록 나태와 권위주의가 있고, 개인-집단 이기주의가 우글거리고 있고. 완전히 뜯어고치지 않으면 21세기 가서는 오그라들게 돼 있는 게 내 눈에 보여. 임직원들이 자기 업에 프라이드를 갖고, 이 업에 종사하는 게 자랑이고, 이 기업은 다른 기업과 차원이 달리 인류와 민족에 공헌을 하고 있다는 걸 알고 있다면 노사불화고 뭐고 저절로 없어져. 그러면 그 결과가 저절로 이익으로 또 나오게 돼 있고, 이익은 물론 대국민 이미지도 좋아져. 서비스업이 단합하면 시너지효과가 나고 삼성그룹의 이미지는 저절로 좋아지고 다른 상품이 저절로 잘 팔려. 그럼 또 서비스업은 매출이 올라가고."

-

이건희는 임직원들에게 '업의 개념'을 강조했다. 자신의 업을 제대로 파악하고 깊은 관심을 갖지 않는다면 일이 잘 될 리 없다는 생각이었다. 그래서 전자, 건설, 섬유, 금융, 서비스 등 그룹 내 다양한 분야의 중역 등 임직원들을 불러 설명하는 시간을 가졌다. 삼성전자 임직원들 앞에서는 박정희 대통령 시대부터 시작된 한국 반도체의 역사와 삼성 반도체 사업의 역사를 1시간여에 걸쳐 직접 설명하기도 했다.

한 공장에서 불량품이 여러 대 나오면 죄악이야, 공장 세워!

"한 공장에서 (불량품이) 열 대라도 나오면 죄악이야. 세탁기 깎아내는 거, 그런 라인은 완전히 스톱을 해야지 왜 깎는 거냐고. 깎지 말고 라인을 멈추고 돌려보내서 다시는 그런 일이 안 일어나게 해야지. 완전하게 다시 오면 딱 맞춰서 물건을 내보내야지 그게 왜 안 되느냐고. 라인 1~2주일 스톱시킨다고 생산 80%씩 날아가나? 아니잖아. 세탁기 같은 건 국내 판매인데 재고는 쌓여 있다고. 왜 양만 생각하고 만들어 제끼냐고. 불량품 내놓고 덤핑하고. 그런 거 산 사람들 이제 절대 삼성 거 안 산다는 거잖아. 팔면 팔수록 이미지 나빠지고 장사는 더 안 되는데 그렇게 단순한 계산이 안 돼? 1990년부터 얘기한 게 왜 이렇게 안 고쳐져? 대체 뭐가 문제야? 한 달이고 두 달이고 공장 세우라고!"

-

프랑크푸르트 선언의 배경에는 '세탁기 사건'이 있었다. 1993년 6월 독일 프랑크푸르트행 출장길에 오른 이건희는 삼성전자 사내방송 비디오를 보게 되는데, 비디오에는 뚜껑 부분에 불량이 생긴 세탁기를 직원들이 약간 손을 봐서 출시하는 장면이 담겨 있었다. 이를 본 이건희는 불같이 화를 내며 비서실장(당시 이수빈 비서실장)에게 전화해 소리친다. 이 사건 당시 상황은 테이프에 생생하게 남아 있다.

"그런 엉터리 물건을 만들어서 내보내? 한 달이고 두 달이고 공장 세우라고!"

이 통화는 1시간 가까이 계속된다. 수십여 개의 테이프 중 그가 가장 목소리를 높인 경우로, 절규하는 듯한 목소리까지 낸다. 자신이 그렇게 수년간 강조했던 품질 경영, 양보다 질 위주의 인사가 왜 되지 않는지에 대한 질타였다.

중고등학교 때부터 똑똑한 아이들 골라서
우리 업에 맞춰 키워야 해

"세계를 위한 전략을 짜야 돼. 마스터플랜을 만들어보자고. 세계 1위를 하려면 업(業)의 개념을 잘 연구해야 돼. 반도체건 브라운관이건 전술은 있는데 전략이 없단 말이야. 전략을 세우고 업의 개념을 세우고 설계, 생산성, 인건비, 물류, 데이터 분석까지 쭉 해야 돼. 그리고 삼성에서 떼어낼 업종은 뭐냐, 삼성이 더 깊이 들어갈 업종이 뭐냐, 그 업에서 내 위치가 어디냐 이런 걸 완전히 분석을 해야 되고. 인력은 기초가 있으면 좋겠어. 중학교, 고등학교 때부터 똑똑한 아이들 골라서 우리 업에 맞춰가지고 키워야 된다고."

-

1993년 하반기 신경영 추진에 본격적으로 나선 이후 이건희는 밤낮없이 비서실장에게 전화를 걸어 생각나는 대로 이야기를 쏟아내곤 했다. 선대부터 이어진 조직과 시스템 그대로는 세계 1위가 될 수 없다고 생각한 이건희는 조직과 인력 모두를 재정비하려 했다. 빈번하게 사고가 나는 업종, 오래되고 미래가 없는 업종에 대해서는 구조조정을 계획했고, 일부 업종은 실제로 "삼성이 가져가야 할 이유가 없다"고 단언하기도 했다. 한편 이건희가 중고등학교 때부터 인재를 키워야겠다고 생각한 것은 그가 신경영 초반 자신의 말을 듣지 않는 임직원들에게 답답함을 느꼈기 때문인 것으로 보인다.

100달러짜리를
제발 80달러에 팔지 마

"내가 늘 얘기하지만 100달러짜리를 제발 80달러에 팔지 말라고. 80달러짜리를 80달러에 파는 건 좋다 이거야. 근데 덤핑은 하지 말라고. 우리 철칙은 싼 물건은 될 수 있으면 하지 말라는 거야. 삼성은 그런 건 안 하면 좋겠고. 정 하려면 철학이 있는 걸 해야지. 시계로 치면 스와치 같은 거. 플라스틱으로 만들지만 철학이 있는 저렴한 가격이잖아. 싸게 많이 판다고 해도 철학이 있는 걸로 하자고. 우리가 만드는 반도체 브라운관 마이크로오븐 이런 건 절대로 1등으로 가야 돼. 전략 세우고 정보공유해서 각 사업부장이 전투력을 키워야 돼. 마이크로오븐 하나를 만들어도 삼성전자 삼성전관 삼성전기 삼성코닝이 전략 공유하고 달려들라고. 격변에 대응하려 하니 정신이 없겠지만 잘해야지. 요즘 (그룹 내 분위기가) 많이 바뀌었어. 전략 잘 세워."

-

이건희는 늘 '세계 1위'를 원했다. 다만 이건희 회장 취임 직후인 1990년대 초반의 삼성그룹은 재계 1위가 아니었고, 삼성전자도 매출과 위상 등이 금성사(現 LG전자)와 대우전자에 못미치는 시점이었다. 이건희는 "업의 개념을 잘 연구하고 제품을 만들면 제값에 팔 수 있다"고 강조했다. 이건희는 늘 일본을 따라잡아야 한다고 생각했고, 한국 가전제품의 경쟁력이 일본보다 싼 가격에 있다는 점을 극복하고 싶어했다. 싼 제품보다는 제대로 된 제품으로 세계시장에서 경쟁하겠다는 의지였다. 당시 국내 업체들은 해외시장 점유율을 높이고 매출을 늘리기 위해서 덤핑을 하는 경우가 종종 있었는데, 이건희는 "덤핑은 절대 안 된다"고 강조한다. 양보다 질로 승부하라는 신경영의 정신과 일맥상통하는 얘기다.

각 팀 각 부서가
5년, 10년 후 뭘 할지 걱정은 하고 있나?

"삼성은 삼성다운 걸 하면서 세계 일류, 고부가가치를 만들어야 돼. 이런 큰 전략을 만드는 회의를 일 년에 여섯 번쯤은 해야 돼. 틀만 만들어놓으면 그 방향으로 쭉 가면 되거든. 다들 5년 후 10년 후에는 뭘 할지 걱정은 하고 있나? 각 팀 각 부서에서 매일 걱정해야 돼. 시뮬레이션은 하고 있나? 생각해 본 적도 없는 거 아냐? 일본 일류 회사들은 직급별로 내년에 뭘 할지를 다 파악하고 있어. 우리는 사장 중역들도 내년에 뭘 할지 모르고 있단 말이야."

\-

삼성 사장단 회의에서는 각 사 사장들이 3년과 5년을 기준으로 한 미래 시뮬레이션을 보고했지만 이건희의 성에 차지 않았다. 그는 임직원 모두가 그룹의 미래를 걱정해야 한다고 생각했다.

엔고(高)는
우리의 기회다

"엔고현상이 계속되잖아. 일본이나 미국, 선진국 기업들을 끌어들일 기회야. 그들 입장에선 한국이 이뻐서가 아니라 한국밖에 못 하는 게 몇 가지 있거든. 중국, 동남아에는 조선 철강 자동차 같은 투자집약적 산업이 준비가 안 돼 있어. 투자에 고임금 노동을 필요로 하는 산업이거든. 엔고가 자꾸 확대되면 일본의 기계 전자 철강 자동차 산업이 빠져나가지 않을 수가 없어. 무엇보다도 전자는. 지금이 좋은 기회니까 연구를 해보라고. 도시바 미쓰비시 샤프 이런 데다 냉장고, VTR 같은 건 우리나라에서 만들어 가라고 하는 건 어때? 여러 가지 가능성이 있잖아. 일본 기업들은 지금 언뜻 중국 같은 데 나가려는 발상을 하겠지. 그런데 그걸 우리가 가져온다고 해봐. 거제조선소 같은 데서 만들어서 바로 배로 싣고 가버리면 그날 도착하잖아. 서로가 이익이 된다고. 저쪽(일본 기업)

은 싸게 만들면서 우리가 경영하고 생산하면 안심이 되잖아. 동남아나 중국으로 가면 얼마나 신경 쓰이겠냐고. 우리가 하면 단순 OEM(편집자 주 : 주문자상표부착생산)이 아니지. 단순 OEM은 저쪽도 관심 없지 않겠어? 내가 말한 이런 식으로 저쪽을 설득해야 돼. 이사급, 상무급에서 자꾸 만나라고."

-

이건희는 엔고는 한국경제에 절호의 기회라고 생각하고 엔고현상을 활용해 우리 경제를 성장시킬 방법에 대해 관심이 컸다. 1993~1994년은 일본 엔화가 가치절상된 엔고현상이 지속됐고 잘나가던 일본경제에 위기를 불러왔다. 이건희는 엔고현상에 대해 누구보다 진지하게 받아들이고 이를 기회로 외국 회사, 특히 일본 회사의 생산시설 등 외국자본 유치를 서둘러야 한다고 강조했다. 절호의 기회를 놓칠까 불안했던 이건희는 비서실과 임원들에게 엔고와 외국기업 자본 유치에 대해 구체적인 지시를 내리며 엔고현상에 철저히 대비하라고 당부했다.

금성-대우보다 물량 떨어져도 되니
질 문제 해결해

"당분간 양은 버려도 좋으니 무조건 질 위주로 가. 시장점유율 떨어져도 좋으니 질에 자신 없으면 공장 멈춰. 손해는 내가 책임질 테니까. 공장을 세우든지 양을 줄이든지 질 문제 해결해. 타협을 하지 마. 금성, 대우보다 마켓셰어 떨어져도 좋아. 질 개선하면 1년 반 후에는 우리가 다시 올라갈 거야. 점유율 떨어져도 좋으니 일본 수준으로 탄탄하게 고장 안 나게 만들고 덤핑하지 말고 현금으로 제값 받고 팔란 말이야. 이거 안 되면 삼성 절대 안 돼. 사활이 걸린 문제라고."

-

1990년대 국내 가전시장에서 삼성전자는 업계 1위 금성사(現 LG전자)의 아성을 깨기엔 역부족인 상태였다. 삼성전자를 업계 1등으로 만들고자 했던 이건희는 21세기를 대비하는 상황에서 과거(量 위주)의 사고방식을 완전히 뜯어고치지 않으면 살아남을 수 없다고 강조했다. 다만 임원들의 경우 자신들의 실적을 위해 매출이라는 '양'을 고려해야 하는 입장이었기 때문에 무조건 따를 수만도 없는 처지였다. 이건희는 이를 자신이 책임지겠다고 공언했다. 회장이 회사의 마켓셰어와 매출에 대해 신경쓰지 않겠다는 것은 당시 업계에서는 파격적인 일이었다.

제발 전문가 활용하고
연공서열 없애고 실력위주 인사 해라

"제조업은 그래도 수출해야 되고 외국에 나가서 뛰어야 하기 때문에 그나마 국제화의 개념은 알고 있는데 금융, 보험 이쪽은 국제화가 거의 전무(全無)에 가까워. 1~2년 공부해서 될 일이 아니거든. 5~6년 전부터 박사학위 받은 고급 인력을 데려와서 기본을 연구시키라고 했는데 알아보니 몇 명밖에 없다네. 충고를 이렇게밖에 못 알아듣나? 또 박사를 뽑아놨으면 사장이 일 년에 서너 번 만나서 얘기도 듣고 격려하고 해야지 뽑아만 놓으면 뭐 하냐고. 1~2년 사이에 다 나가잖아. 제발 전문가 활용하고 연공서열 없애고 실력 위주 인사 하라고."

\-

삼성전자 반도체의 성장으로 삼성그룹이 단기간에 성장하긴 했지만 비(非)제조업 부문은 삼성에 여전히 쉽지 않은 과제였다. 이건희는 금융 및 서비스 계열 사장단을 소집해 1시간 동안 특강을 갖고 신경영을 당부했다. 그는 금융·서비스 계열사의 변화하지 않는 기업문화를 지적하며 신속한 국제화를 주문했다.

금융-서비스업은
보수와 권위를 탈피하고
정신 차려라

"금융업이라는 게 가장 보수적이고 권위적이고 일 없고 편하고 나태 퇴보하면서 노조는 제일 강성이야. 노조가 좀 떠든다고 사원을 안 뽑는 회사도 있어. 미친 발상이야. 회사가 커가는데 신입사원 떠든다고 사원을 안 뽑아. 뭐 무서워 뭐 못 담근다고. 금융산업은 3차산업 고급산업이고 가장 국제화되고 차원이 높아져야 될 텐데 내가 이런 유치한 얘길 해야 되나. 삼성 금융계열사가 삼성그룹 간부가 집 산다고 1,000만 원 대출해 달라는 걸 왜 그리 까다롭게 심사하고 그러나. 자기 회사 총무관리담당이 승인해 주면 그 자리에서 줘버려도 되는 거 아냐? 어떻게 2~3일이 걸려. 회사가 도장 찍었으면 10분 만에 줘 버리지. 3일이냐 10분이냐가 중요한 게 아니라 정신이 안 돼 있는 거 아냐. 금융업 서비스업에 있던 사람들, 행정부 고위 관직 하던 사람들 삼성전자나 중공업에서 일주일 동안 완제품 나올 때까지 따라다녀보라고 해봐. 그렇게 일해도 1퍼센트 남거나 적자야. 그렇게 치열하게들 사는데 말이지. (금융-서비스업은) 그만큼 친절, 아이디어 개발, 신상품 개발, 선진기업에 대한 도전 같은 쪽으로 머리를 쓰고 나가야 될 텐데 이건 안 쓰고 편하게만 앉아가지고.

　　제일기획은 완전히 뜯어고쳐. 삼성그룹 전 광고 책임지는데 광고 질이 시원찮으면 (계열사들은 광고를) 제일기획 주지 말고 다른 데 줘. 공무원 예산 타듯이 삼성그룹 광고가 딱 들어오니 판매를 할 필요가 없거든. 사람은 좋은 사람 뽑아놓고 시간은 남아돌고 돈은 돈대로 쓰면서 광고는 제대로 안 나와. 미친 발상들이야. 위기의식도 제로, 아이디어도 제로. 젊은 사람들 팀을 만들어서 거기 다 맡겨버려. 히트하면 보너스를 1,000프로고 1만프로고 줘버리고, 히트 안 하면 제로로 만들어버리고. 그런식으로 극단적으로 해버리라고.”

-

이건희는 바쁘고 치열하게 돌아가는 제조업에 비해 금융업과 서비스업은 권위주의에 갇혀 있다고 생각했다. 하루가 다르게 시장이 변해가는 반도체에 집중했던 이건희 입장에서는 이해가 가지 않을 만도 했다. 그는 금융업계가 어떤 분위기이든 삼성은 달라야 한다고 봤다. 그룹 내 금융사들에게 다른 금융사와는 달라야 한다고 강조했고, 끊임없이 새로운 아이디어를 주문했다.

건설현장에서
사고가 불가피하다는
인식 자체를 고쳐라

"우리 건설회사가 해외에서 건설을 할 때는 사고가 안 나는데 왜 국내에선 자꾸 사고가 나는 거야? 국내 건설 현장에도 미국이나 영국 감리회사 데리고 와. 거긴 기준대로 철저히 체크하잖아. 비용이 10배가 넘는다고? 사고가 안 나는 게 더 중요한 거 아니냐고. 왜 그렇게 말을 못 알아들어? 건설 공사에 사고가 안 날 수 없다는 그런 생각들이 문제인 거야. 의식을 고쳐. 안전관리 잘하라고 아무리 떠들어봐야 소용없다고. 비용으로 극약처방에 나서면 다들 따라오잖아."

\-

이건희는 세계화, 국제화에 맞춰 글로벌 스탠더드를 따라가야 한다고 늘 강조했다. 1990년대만 해도 국내 산업 현장은 선진국의 기준에는 못 미치는 상태였고, 건설현장과 공장 등에서 인명사고가 종종 일어났다. 1996년 삼성건설 춘천 통신선로 매설 현장에서 가스파이프 폭발사고가 어느 정도 수습된 후 이건희는 "왜 삼성건설이 해외에선 사고가 나지 않는데 국내에서 사고가 나느냐"고 질타했다. 사실 당시 국내 업체들이 글로벌 스탠더드를 따르지 못하는 것은 비용이라는 현실적인 문제였다. 선진국 기준의 안전수준을 맞추려면 자재, 인력 등에서 비용이 훨씬 늘어날 수밖에 없었다. 당시 비용이 얼마가 들어도 좋으니 질 위주의 경영을 해야 한다고 강조했던 이건희는 "안전에 대해 말로만 떠들지 말고 비용을 써라"고 충고했다.

프랑크푸르트 선언 일주일 후
이건희의 분노

프랑크푸르트 선언이 있었던 1993년 6월 7일부터 일주일 후인 6월 14일 이건희는 그룹 임원들을 모아놓고 63분간 회의를 갖는다. 이건희는 프랑크푸르트 선언 당일 이후에도 임원들과 계속 신경영에 대한 토론을 가졌는데, 이건희는 이때 자신이 회장 취임 직후부터 주창해 온 질 위주의 경영, 즉 신경영이 수 년째 제대로 진행되지 못하고 있다는 사실을 파악하고 실망감과 분노에 휩싸이게 된다. 6월 14일 발언에서는 이건희의 이같은 실망과 분노가 그대로 드러난다. 이날 발언의 주요 내용을 이건희의 말 그대로 옮겼다.

"양을 달성한 사람한테는 상을 주고, 질을 달성한 사람은 상도 벌도 안 주잖아. 그러면 어느 쪽으로 가고 있는 거야? 나는 (회장 취임 때부터 질 경영을) 하고 있는 줄 알았어. 그게 어느 사이에 또 양으로 가버렸어? 내가 질과 양을 9대 1 또는 10대 1로 한다고 하지 않았어? 왜 그렇게 안 가냔 말이야. 10대 0으로 가려면 뭐를 해야 하느냐, 그걸 좀 알아보라고. 상식적으로 엉터리 물건 만들어서 물품 내서 불량을 재 놓고 그 손해 보고 불량품은 물품세를 내고 시장에 보낸단 말이야. 그걸 또 30프로, 50프로 덤핑해서 현금으로 팔잖아. 그런데 왜 양을 만들어야 되냐는 거야. 양이 줄고 마켓셰어 주는 게 겁나는 거야? 뭐가 겁나서 내 말이 안 들어가는 거요? 야단이 아니고 솔직하게 알고 싶어. 가슴이 터져.

세탁기 (불량 뚜껑) 깎아내는 거, 라인을 완전히 스톱해. 왜 깎느냐 말이야. 절대 나쁜 건, 라인이 멈췄다면 담당자가 5분 내에 다 뛰어와야 되잖아. 어떻게 여섯 시간 걸려서 오느냐 말이야. 하청회사에서 잘 안 만들어왔으면 깎지 말고 라인을 멈추고 돌려보내서 새로 만들어오게 하란 말이야. 완전하게 딱 맞춰서 며칠이 더 걸려도 완전하게 내란 얘기지. 동경회의, LA회의에서 다 얘기했잖아. 근데 왜 용두사미냐 이거야. 그게 5년까지 걸릴 일이며, 왜 안 고쳐지느냐, 누구의 문제냐. 대체 뭐가 문제냐고.

나는 삼성그룹 이기주의 없애자는 거 아냐. 사업부끼리. 나는 해결돼 있는 줄 알았다고. 그런데 VTR 냉장고 세탁기 국내판매 재고가 쌓여 있는데 왜 만들어 제끼냐고. 만들어놓으면 물품세 낸단 말이야. 쓸데없는 세금 먼저 내. 그리고 안 팔리면 30프로 50프로 덤핑해서 값이 내려가. 그걸 산 사람 100명 중 50명은 삼성거 앞으론 안 산다는 거야. 팔면 팔수록 이미지 나빠지고 장사는 더 안 되는 이 단순한 계산이 안 되느냐는 얘기지.

오는 놈, 빨리 오는 놈, 바짝 붙어오는 놈 있는 거 좋단 말이야. 그런데 옆으로 가고 뒤로 땡기는 건 안 된다고. 이게 왜 안 먹혀 드느냐는 거야. 물론 잘하고 있는 거 알고 있어. 그래도 수원 한 단지, 물건 한 개라도 이런 식으로 나오면 안 돼! 내가 한쪽으로 가는 걸 바로 가자 하는데도 아직 그대로 하고 있는 이유가 뭐냐 이거야. 저번에(편집자 주 : 1988년 하반기) 하청업체 다 모아놓고 전시회했잖아. 그때부터 나는 계속하고 있는 줄 알았거든? 다들 질에 신경을 쓰고 있지만 기술이 부족하고 아랫사람들이 성의가 없어서 잘 안 되는 건줄 알았는데 오늘 들어보니 정말 울화통이 터지고. 거짓말 안 하고 내 다 치워나갈라 한다. 협력업체 다 불러서 '무조건 질이다, 질 나쁘면 무조건 자른다, 질 좋은 사람한테는 양도 더 주고 보너스 더 준다' 이렇게 해. 타협을 하지 마. 금성, 대우한테 마켓셰어가 떨어져도 좋다 이거야. 그 대신 일본 수준으로 탄탄하게, 고장 안 나게. 완벽하게. 플라스틱도 두껍게 질을 좋게 하고 덤핑을 절대 하지 말고 현금 받고 팔란 말이야. 플라스틱도 재료비 많이 써서 더 탄탄하게 하고.

내가 회장 되고 1~2년 후에 다 된 줄 알고 일본 고문 데려오고 복합화해서 이제 일본하고 맞붙는다 생각하고 있었는데 6,000명이 수리하러 다니는 이런 상황이 되냐고. 금년 내로 고칠수 있느냐 없느냐. 자신 없는 사람 지금 손 들고 나가라. 단기 업적이라는 거 내가 제일 싫어하는 사람 아냐. 1/4분기 2/4분기 이런 말 좀 하지 말라고. 최소 5년에서 10년을 보고 하라고 얘기하고 있잖아. 그리 함으로써 뭘 손해 보는 겁니까? 내 얘기대로 하면 지금 하는 거보다 나빠집니까? 각자 아이디어 다 한 번 내 봐.

양과 질의 차이를 그렇게 모르면서 어떻게 21세기 초일류기업이 되냐고. 내 말이 안 먹히나. 전자제품을 누가 그렇게 많이 만들고 써보고 집착해 봤어? 전자제품에 대해 나만큼 연구한 사람이 대한민국에 어디 있어? 소학교 6학년 때부터 전자제품을 계속 사고 있어. 나만큼 많이 써보고 돌려보고 만져보고 한 사람이 지금 삼성그룹에 어디 있어. 나만큼 일본의 기술자 경영자 판매자 얘기 들어본 사람이 어디 있냐고. 그런데 왜 내 말을 안 듣냔 말이야. 내가 고문이라도 내 말을 들어야 되는데, 회장이고 그런 지식 있는 사람 말 안 듣고 어디로 가려 하느냐 말이야. 조금만 노력하고 하면 되는 걸 안 하고 못 해내고 말 안 듣고. 이런 사람들을 데리고 무슨 복합화 국제화 얘기를 해. 이거 녹음하고 있잖아. 지금 (삼성전자) 전 상무 전무 이사 다 모아서 이 테이프 듣게 하고, 정말 잘하겠다 하면 마지막 기회로 인력 총동원해서 불량에 대한 원인 전부 분석하고 정신교육해서 다 고쳐. 지금부터 다른 일 모두 중단하고 밤을 새서라도 안을 만들어서 3일 안에 가져오라고. 한두 달 문 닫는 건 내가 다 책임을 질 거야. 사활이 달린 심각한 문제야. 제발 좀 뭐가 안 되고 뭘 하는지 좀 내놓아보라고 해. 안 되면 도와준다는데 왜 숨겨놓냐고."

이건희 테이프는
왜 남아 있지 않을까

이건희가 1990년대에 남긴 육성자료는 방대하다. 이 책에서 공개한 비서실장과의 대화 테이프 40여 개 외에도 매년 사장단 회의 연설, 중역 회의 연설, 신입 직원들 앞에서 한 인삿말 등을 녹음한 테이프들은 총 100여 개가 넘는 것으로 알려져 있다. 이건희는 비서실장 등 측근들에게 DAT(Digital Audio Tape) 플레이어를 제공하고 녹음하도록 했다. DAT 플레이어는 일본 소니가 1987년 개발한 고음질 디지털 녹음기다. 카세트플레이어에 비해 훨씬 비싸면서 CD 이상의 음질을 보유하고 있어 전문가용 녹음스튜디오에서 주로 사용되곤 했다. 삼성전자도 DAT를 제작했지만 실용화시키지는 못했다. DAT는 카세트테이프의 절반 정도 크기로, 누군가의 손에 들어가더라도 DAT 플레이어가 없으면 들을 수 없어 보안용으로도 적절했다. DAT 플레이어는 국내에서는 일부 부유층이나 음악인들만이 사용하는 제품이었다.

이건희의 임원회의 연설 등 육성을 녹음한 테이프는 비서실과 홍보실에서 일반 카세트테이프로 제작해 교육용으로 사용했다. 1990년대 삼성에서 임원을 지낸 사람들은 "교육과정에 이건희 회장의 연설 테이프를 듣는 시간이 있었다"고 했다. 삼성 신임 임원에게만 제공되는 책자 〈지행33훈〉, 그리고 1997년 발간된 이건희 에세이집《생각 좀 하고 세상을 보자(동아일보사)》역시 이건희의 육성자료, 즉 테이프의 내용들을 정리해 재구성한 것으로 추정된다.

연설 등 이건희의 공식적인 육성자료만 해도 그 분량이 적지 않은데다 해당 자료는 삼성과 한국경제의 원동력을 알 수 있는 귀중한 존재인데 왜 지금은 남아 있지 않을까. 삼성 전직 임원들의 말에 따르면 이건희 관련 공식 자료는 2007년 '김용철 사태' 때 모두 사라졌다. 삼성의 변호사였던 김용철이 내부고발을 한 책을 내면서 삼성은 잦은 압수수색에 시달렸고, 회사 차원에서 이건희 육성 녹음 테이프들은 모두 폐기했다. 공식석상에서의 연설이기에 법적으로 문제될 내용은 없었지만, 삼성 임직원들을 대상으로 했던 만큼 기업 내부의 사정 등 보안이 필요한 부분도 있었기 때문이다.

다만 비서실장이었던 현명관 전 회장은 당시 삼성을 떠나 정치권에 몸담고 있었기 때문에 삼성 수사 범위에서 벗어나 있었고 그의 개인소유 테이프를 포함한 이건희 육성 녹음테이프들이 유일하게 남아 있다. 현 전 회장은 테이프들을 최종적으로 이건희 회장의 유족들에게 전달할 예정이라고 했다.

삼성 신경영을 알린
프랑크푸르트 선언

이건희는 1987년 회장직에 오른 후 1988년 3월 삼성 창립 50주년 기념식에서 제2의 창업을 선언했다. 당시 이건희는 "1990년대에는 삼성을 세계적인 초일류기업으로 발전시키겠다"고 강조했다. 그러나 제2 창업 선언 후 5년여가 지나도록 삼성의 변화는 이건희의 기대에 미치지 못했다.

신경영의 서막은 1993년 2월 이건희가 미국 LA에서 주재한 사장단 회의에서 올랐다. 당시 이건희는 미국 가전매장에서 삼성 제품이 먼지를 뒤집어쓴 채 구석에 있는 것을 보고 큰 충격을 받았다고 한다. 같은 해 6월 독일 프랑크푸르트에서 사장단 회의를 주재하기로 한 이건희는 출국할 때 삼성 사내방송국의 홍보용 비디오를 전달받아 보게 됐다. 그는 세탁기 공장에서 불량품이 나왔음에도 불구하고 직원들이 놀라지 않고 적당히 손을 봐 출고하는 장면을 보고 격노했다. 6월 7일 프랑크푸르트에서 회의를 가진 이건희는 사장단 앞에서 90여 분간 대본 없는 연설을 하며 "양보다 질 위주의 경영으로 가라", "다 바꿔라" 두 가지를 강조했다.

특히 프랑크푸르트 선언이 주목받은 것은 MBC의 한 프로그램에서 연설하는 이건희의 모습을 그대로 보여 주면서다. 7월 1일 MBC는 특별편성 프로그램으로 <이건희 신드롬의 충격파-출근부를 찍지 마라>를 편성하고 이건희의 연설장면을 그대로 내보냈다. 앵커는 "삼성이라는 한 기업의 생존을 넘어 낡은 것을 깨고 창조한다는, 대한민국에 던지는 메시지가 있다고 판단했다"고 소개했다. 그동안 이건희를 '형들의 실책으로 운좋게 그룹을 물려받은 2세 경영인' 정도로 생각하고 있던 사람들은 빠른 말투로 대본 없이 한 시간 이상 연설을 이어가는 영상 속 이건희의 모습에서 상당한 충격을 받게 된다. 이 책에 실린 이건희의 육성 역시 긴 시간 동안 대본 없이 빠른 속도로 이야기한 것들로, 프랑크푸르트 선언 당시 이건희의 말투 및 속도와 유사하다. 50대의 이건희는 그만큼 치열하게 살았다.

어찌보면 이 방송의 충격파가 실질적인 삼성의 변화와 신경영을 이끌었다고 볼 수도 있다. 이건희는 "내가 그렇게 말해도 안 변하더니 언론과 세상에서 삼성을 주목하기 시작하니까 이제야 좀 바뀌는 것 같다"고 털어놓기도 했다. 이건희에겐 신경영 추진과정에서 얻은 여론의 관심이 어느 정도 힘이 된 것으로 보인다. 그는 신경영 선언 후 사장단 회의에서 "이제 모두가 삼성을 주목하고 있다, 삼성 임원들은 국가적 사회적 책임을 가져야 한다"고 강조했다.

Part 2

조직을 바꾸다

이건희는 신경영 추진을 위해 삼성 내부 조직을 바꾸는 데 많은 노력을 쏟았다. 그가 가장 강조한 것은 '변화', 그것도 획기적인 변화였다. 이건희는 오래된 회사에 만연한 권위주의를 타파하고 새로운 조직문화를 만들어야 한다고 생각했다.

이건희가 보기엔 삼성 임직원들은 무사안일주의에 갇혀 있었다. 오래 다니면 승진하고, 승진하면 서류에 도장 찍고 현장 일에서 손 떼면서 파벌을 만들곤 하는 기업문화가 삼성에도 만연했다. 조직을 바꾸는 것이 우선이라고 생각한 이건희는 7-4근무제(오전 7시~오후 4시 근무)와 상여금 차등제 등 새로운 시스템을 도입하고 임원들에게 솔선수범을 당부했다. 특히 파벌을 절대 만들지 말 것, 사람을 평가할 때 단편적으로 하지 말 것 등을 강조했다.

이건희는 삼성 조직의 변화를 요구하며 "삼성이 지금 변하지 않으면 나라가 망한다"며 임직원들에게 책임감을 불어넣었다. 또 삼성에서 사고가 생기면 철저하게 책임지는 모습을 보이며 직원들의 사회적 책임감과 사기를 진작시켰다.

또 임원부터 평사원까지 철저하게 신경영을 습득할 것을 요구하는 한편 평사원들과 현장 직원들에게 더 나은 처우를 약속했다. 사장을 비롯해 인사 책임자가 현장을 얼마나 방문하는지 그 횟수를 확인해서 보고하라며 임직원의 현장 스킨십을 강조하기도 했다. 이건희는 "공장 중역들 의자는 치우고 평사원 휴게실 안락의자는 가장 좋은 걸로 바꾸라"고 하는 등 평사원까지 두루 신경쓰는 이건희의 행보는 삼성 임직원들의 사기를 끌어올렸다.

이건희 삼성그룹 회장이 2004년 반도체 30년 기념식에 참석해 서명하고 있다.
ⓒ 월간조선DB

20년 동안 삼성이 1,000배 컸어. 변화의 차원이 달라야 돼

　"(신경영 선언은) 개개인에 따라서 쇼크의 정도가 달랐겠지만, 시대의 흐름이고 앞으로 더 변해야 돼. 변화하지 않으려는 건 사실 사람의 본성이기도 해. 하지만 1980~1990년대의 변화는 과거 몇십 년의 변화와는 차원이 달라. 과거 20년간, 1970년부터 1990년까지 삼성그룹이 1,000배 컸다고. 과거 1960년대 1970년대 경영자라는 건 도장 찍고 섭외 좀 하고 부하들 잘하라고 격려해주면 통하던 시대지만 앞으로는 그러면 안 돼. 경쟁자들이 앞서 가버리면 안 뛰는 사람은 주저앉을 수밖에 없고 몇 년 내에 사라지게 된다고. 특히 우루과이라운드 시대에 강대국들하고 경쟁해야 되는 사람들이야. 여러분은 지도자로서 책임감을 가져. 애사심은 물론 국가와 사회도 좀 생각하고. 독재정권 군사정권에서는 힘이 한 곳에 몰려 있고 거기만 공략하면 일하기도 쉬웠지만 지금은 권력이 계속 평준화되고 있어. 전 세계적으로 마찬가지고. 대충 넘어가고 잘해 보자 하는 게 안 통하는 시대야. 그래서는 세계 경쟁에서 살아남을 수 없어."

-

1993년 연말 삼성그룹 사장단 회의에서 이건희는 "지금의 변화는 과거와 차원이 다르다"고 강조했다. 사장 이하 임원들에게 책임감과 부담감을 심어주기 위한 것이었다. 그는 삼성이 1,000배 이상 성장한 국내 최고의 기업임을 강조하며 삼성이 변하지 않으면 삼성만 도태되는 것이 아니라 대한민국이 위험하다고 경고했다.

절대 파벌 만들지 마.
하나회 보라고

"사람이 제일 중요해. 절대로 파벌 만들면 안 돼. 하나회 같은 거 보라고. 사람은 주기가 있어서 잘될 때가 있고 안 될 때가 있는 거야. 잘될 때 이쁘다 하고 안 될 때 밉다 하고 이런거 하지 말라고. 실수하면 바로 바꿔버리고 그러면 사람이 클 수 있나. 인간이 일년에 석 달 꽃 피지 못해. 내 경험상 그래. 결단 잘되고 좋은 결과 나오고 하는 게 일년에 두 달 하기 힘들다고. 잘못되고 사고 나면 빨리 수습하고 반성하고 기록하면 돼. 그걸 숨겨놓는 게 나쁜 거지."

이건희는 사람이 가장 중요하다는 점을 수시로 강조했다. 특히 신경영 초기에는 선대인 창업주 시대의 인사문화가 남아 있음을 파악하고 개선에 나섰다. 선대 회장은 일을 모두 맡겨놓고 실수를 하면 교체하는 스타일이었다는 것을 알고 있었던 이건희는 사장들에게 "그러면 사람이 클수 없다"며 심연 평가를 하라고 했다. 그는 "삼성에 들어와서 10년이 넘었으면 어느 정도 인간적으로 합격한 사람이라는 것"이라고도 했다. 특히 "실수나 사고는 빨리 반성하고 발표해 버리면 오히려 자랑거리"라는 점을 임직원들에게 널리 알려야 한다고 했다. 또 '혹시라도 잘못하고 배신하는 인간'이 나오지 않도록 의식주로 걱정을 시켜서는 안 된다고 강조했다.

능력에 따라 급여 갭을 크게 해.
대우를 해줘야 일할 맛이 나지

"내가 몇 번을 얘기해. 사장단 상여는 능력 있는 사람과 아닌 사람의 갭을 크게 하라고. 계열사별로 하는 일이 다르잖아. 중공업 사장이랑 자동차 사장이랑 생명 사장이 같나. 일에 따른 대우를 해줘야 일할 맛도 나는 것 아냐. 나랑 윗사람이랑 평가 기준이 달라서 헷갈린다 하면 의논하면 되는 거고. 불만 있을까 봐 겁낼 필요없어. 나는 C-로 보는데 비서실장은 B+로 본다면 중간쯤 주면 되는 거고. 융통성을 가져야지."

\-

이건희는 계열사 사장단의 상여금에 차등을 두라고 지시했다. 그러나 아무리 회장의 지시라도 기존에 동일하게 나가던 사장단의 상여금에 차등을, 그것도 크게 두는 일은 쉽지 않았다. 사장들의 반발도 문제였지만, 능력 평가의 기준도 문제였다. 이건희는 "비서실장이 행동해야 사장들도 용기를 갖고 행동할 것"이라며 "회장 겁낼 거 없어"라고 비서실을 격려했다. 이후 사장단의 상여금을 능력 위주로 지급하는 성과주의가 자리잡았고, 상여금 차등화는 임원과 사원들 대상으로 확대됐다.

정보관련팀 만들어서
해외경제연구소, 해외잡지 보고 정보 분석해

"정보가 요즘 구태의연해. 세계 변혁을 분석하고 예측을 해야 되는데 정보가 한때 반짝하더니 요즘은 신문 1면 톱 소개하는 수준이야. 해외 경제연구소, 컨설팅 보고서, 주간지, 월간지, 경제지 같은 걸 다 분석해 보라고. 비서실에 팀 하나 만들어서 정보 분석하고 각 사에 나눠줘. 닛케이 같은 데서 나오는 경제 주간 월간지 이런 거 말이야. 동경지점에 가면 다 있잖아? 읽어보면 작년 이맘때는 이랬는데 지금은 달라진 게 보이잖아. "

-

한때 삼성 구조조정본부-미래전략실의 정보력은 국정원보다 낫다는 소문이 돌기도 했다. 수십만 삼성 임직원이 모두 정보원이라는 말도 있었다. 삼성의 정보가 광범위한 고급정보였던 것은 이건희의 요구 때문이었다. 이건희는 국내 정보보다 해외 정보에 더 관심을 갖고 있었다. 선진국을 알아야 우리나라가 그들을 앞서나갈 수 있다고 생각했기 때문이다. 그는 "지금 우리 경제는 일본을 99% 따라가고 있다"며 일본을 철저하게 알고 연구해야 일본을 앞지를 수 있다고 강조했다. 당시 인터넷과 스마트폰이 일반인 사이에서 널리 상용화되지 않은 시대이다 보니 삼성의 정보력은 국내에서 최고 수준일 수밖에 없었다.

사고 날 수준이면
건설을 아예 하지 말아야지!

"또 사고가 났네. 그런 수준이면 건축을 하지 말아야 되는 거야. 말을 그렇게 못 알아먹어. 최종 도장 찍은 사람이 누구야? 어디서 온 사람이야? 하청업체? 내가 하청업체 잘 쓰라고 몇 번을 얘기해, 뭐 하는 사람이야? 그룹 사장, 대표이사 다 모아놓고 설명해. 이런 식으로 계속한다면 사업 끝낸다고. 정신차릴 자신이 있어 없어. 오늘 사장단 회의했다고? 내일 또 한 번 해. 자필(自筆)로 나한테 기본에 충실하고 질에 충실하겠다고, 앞으로 어떻게 하겠다고 쓰라는 거야. 계속 이렇게밖에 못 하겠다 하면 내가 오늘부로 나간다고. 내가 여러분들한테 내 신임을 묻겠다는 거야. 이게 몇 개월 안에 안 고쳐지면 나는 정말 관둬. 관두고 명예회장으로 남든지 할 거야. 이런 사고가 이미지를 얼마나 나쁘게 해. 재판이고 뭐고는 회장한테 미루고. 회장이 사고 수습하고 있어야 돼? 회장은 기업 장래를 생각하고 전 임직원 복지를 생각해야지 장사만 하려고 있는 게 아니라고. 나는 원래 사업가 스타일도 아닌데 맨날 사고 수습만 하고 앉아 있잖아. 거기 도장 찍은 사람하고, 도장 안 찍어도 알고 있었던 사람은 다 인사 조치해. 책임자는 싹 대기발령 내봐. 뒷다리는 잡지 말아야 할 거 아냐."

-

이건희는 위기관리에 단호한 모습을 보인다. 1996년 5월 삼성건설이 참여한 춘천 통신선로 매설 현장에서 발생한 가스파이프 폭발 사고 당시의 발언이다. 당시 땅을 파던 인부가 가스파이프 주변 1m는 파선 안 된다는 원칙을 지키지 않고 작업하다 파이프를 건드려 가스가 유출된 사건이다.

이건희는 공사팀장과 담당 임원, 하청업체와 계약 도장을 찍은 사람 등이 누구인지 꼼꼼히 따져 물은 후 "사고가 날 수준이면 건축을 하지 말라는 것"이라며 이런 식이라면 본인이 물러나겠다고 역정을 낸다. 앞서 다른 현장 사고가 났을 때도 관련자들이 책임을 지고 다시는 이런 일이 없도록 하겠다고 했지만 또 유사한 일이 일어났다는 데 분노한 것이다.

이건희는 사장들에게 이른바 '자필 반성문'을 내도록 했는데, 사고에는 엄격한 이건희의 태도를 보여주는 일화다. 이건희는 해당 회사를 향해 "또 사고 생기면 이제 회사 문 닫아버릴 것이고, 전에 사고난 건 담당자 책임자 싹 대기발령 냈다는 내용으로 회의를 하라"며 "내년까지 이익 안 나도 좋으니 뒷다리는 잡지 말라"고 단호히 말했다.

삼성그룹 CEO들의
자필 반성문

이건희는 신경영 본격 추진 후 그룹 회장단 회의를 자주 주재했는데, 신경영 추진이 제대로 진행되지 않는다고 판단하거나 안전사고가 터졌을 경우 등 심각한 상황이 닥치면 회장들에게 "자필로 반성문을 제출하라"고 지시했다. 현재 남아있는 '반성문'은 1994~1996년 계열사 회장(CEO)들이 작성한 것이다. 제목은 반성문, 자성문, 시말서, 반성과 각오, 개인의 반성 등으로 다양하다.

반성문을 제출한 인물 중에는 이건희와 인척이나 사돈 등 관계인 이른바 '로열 패밀리'도 포함돼 있다. 삼성 CEO들의 반성문은 무슨 내용이었을까.

"회장의 분신으로서 철학과 사상을 반영할 수 있는 경영을 하겠다는 사명감을 가지겠습니다. 21세기를 향한 그룹의 발전에 반드시 족적을 남기겠다는 약속을 드립니다." (금융계열사 A회장)

"이번 반성모임에서 자기자신의 위치와 역할을 음미해보고 지금까지 저의 의식과 태도를 깊이 반성하였습니다. 회장님의 말씀을 테이프로 듣고 회장님의 철학과 의지를 새삼 느꼈고, 한편으로는 그 당시 저는 왜 그렇게도 감각이 없었을까 후회도 했습니다." (금융계열사 B회장)

"매사 일의 본질을 정확히 파악하고 사전,사후관리에 철저를 기하여야 함에도 불구하고 소홀히 하고 적극적이지 못하였던 점에 대해 깊이 반성하며 다시는 이러한 어리석은 일이 일어나지 않도록 각오를 단단히 하면서 더 열심히 노력하겠습니다."(제조계열사 C회장)

CEO들은 각자 1~4장 분량의 자필 반성문을 쓰고 서명해 회장 비서실에 제출했다. 4장을 빽빽하게 채운 CEO도 있었다. 이건희의 카리스마가 어느 정도였는지 알 수 있는 사실이다.

사람들 다치게 하고 아프게 하는 업종은
문 닫아

"물건 안 나와도 좋으니까 (회사를) 싹 정리를 해버려. 우리 임직원에게도 경종을 울리는 거야. 삼성은 이런 짓 하려면 사업 안 하는 게 낫다는 걸 이야기하려는 거지. 우리 임직원을 보호하는 것도 중요하지만 남의 임직원을 다치게 하는 업종은 문을 닫는다는 걸 보여줄 거라고. 빨리 회의해서 결정하고 신문광고부터 해. 삼성의 21세기 목표는 임직원과 주주 모두가 함께 행복하고 나아가서 인류를 위한 업종을 한다는 거야. 사람을 다치게 하고 사회 혼란을 가져오는 업종은 포기할 거야. 법조팀이랑 다 모아서 검토하고 광고문구 만들어서 빨리 발표해버려.

회장 있으면 뭐해? 회장 말 듣지도 않고. 내가 물러나든, 니들이 물러나든, 회사 해체하든 셋 중의 하나 해. 전체 비장한 각오 안 하고는 나도 회사 나갈 필요 없어. 반도체 생명만 붙들고 다 떼

내도 상관없잖아. 말로 해도 안 되고 설득해도 교육해도 안 되고. 난들 어떡하라는 얘기야. 내가 화났다 하지 말고. 내 부덕이니 내가 물러난다고 해. 그런 정신 갖고는 안 돼. 집에서 자식이 말은 듣겠냐고. 이래 갖고 자동차 하겠다고 나서는 나도 참."

-

경남 창원의 삼성중공업 직원들이 경쟁사인 한국중공업 사업장에 들어가 무단으로 사진을 찍는 사건이 발생했다. 한국중공업은 기업비밀을 침해했다며 삼성 측 직원들을 고발했고, 이 사건을 보고받은 이건희는 해당 공장(삼성중공업 1공장) 폐쇄를 검토한다. "무슨 대단한 비밀이라고 침투를 해. 1공장 폐쇄하는 거 변호사하고 의논하고. 중역부터 10명이 넘더라도 다 책임 물어서 내보내버려, 삼성중공업이라는 이름도 없애"라며 격앙된 모습을 보이기도 한다.

아랫단락은 이건희가 화를 내며 한탄하는 부분이다. 이건희는 "원래 삼성은 담배, 술, 인체에 해로운 거, 무기 이런 건 안 하기로 돼 있다"며 "삼성이 도둑질을 했다면 그 숙제로 이걸(회사를) 없애겠다고 기자들에게도 말해라"고 당부한다.

삼성에서 불미스러운 일 생기면
회장 비서실이 사과한다는 걸 보여줘

"편지 온 거 말이지. 잘 조사해서 그게 사실이면 끝까지 책임져야 돼. 선의의 피해자면 부장급이 과일값을 가져가서 사과를 하고 입원비를 돌려줘. 삼성의료원에서 불미스러운 일이 생기면 삼성 비서실에서 사과하고 입원비를 물어준다는 걸 보여줘야지. 관리자들이 창피해 하도록 해야 돼. 삼성은 이런 일도 간단히 넘어가지 않는다는 걸 보여주자고."

\-

삼성의료원을 이용했던 환자 가족이 병원 측의 대처에 컴플레인하는 편지를 이건희에게 보낸 일이 있다. 내용은 자세히 언급하지 않았지만 의사의 진료 태도에 문제가 있었던 것으로 추정된다. 이건희는 피해를 호소하는 고객에게 성심성의껏 대응하라고 지시했다. 고객이 삼성에 갖게 되는 이미지가 기업 운영에 적지않은 영향을 줄 수 있다는 점을 파악했기 때문이다. 또 고객에 대한 실수를 그룹 차원에서 철저하게 해결하는 모습을 보여 관련 임원들에게 경종을 울리는 의미도 있었다.

7-4제 하고 남는 시간엔
취미를 하든 골프를 치든

"7-4제라는 게 하루아침에 생각한 게 아니야. 내 발명품이 아니고 선진국에서는 7-4제, 8-5제, 6-3제 다 섞어서 하고 있거든. 러시아워를 피하고 일의 효율은 높이면서 개인시간도 가질 수 있게 하자는 게 7-4제의 목적이야. 일단 원래 10시간, 12시간씩 하던 일을 선진국처럼 8시간에 끝낼 수 있도록 하는 게 목적이고. 일을 그렇게 해치우지 않으면 선진국을 따라갈 수 없어. 근데 7-4제를 한다고 당장 효율이 나오진 않겠지. 5년, 10년이 걸릴 수도 있고. 당장 할 수 있는 건 7-4제를 하고 남는 시간에 취미를 하든 골프를 치든 낮잠을 자든 그림을 그리든 하라 이거지. 뭐든지 철저히, 열심히 하면 개인 능력이 저절로 나오게 돼 있어. 이게 곧 자율경영이야. 스스로 개발하고 스스로 발전하지 않으면 절대 안 되는 거야. 이러면서 장기적으로는 8시간 아닌 6~7시간 내에도 일을 끝낼 수 있는 효율을 갖게 되는 거고. 근데 12시간에 하던 일을 8시간에, 6시간에 해내려면 개인의 실력만 갖고는 안 되거든. 그러니까 실력도 쌓고 컴퓨터도 업그레이드하고 인프라도 확보하고 해야지.

근데 7-4제 시행하고 얼마 안 돼서 어느 전무급이라는 사람이 '4시에 퇴근한 게 누구냐'고 하는 일이 있었다고 하더라. 말 듣는 척 하면서 뒤로는 이런 일이 생기더라고. 사람 변하는 게 쉽지 않지만 7-4제는 곧 정착될 거야. 7-4제의 최종 목표는 21세기 인력 수준을 상향조정하는거야. 연구소, 개발, 디자인, 구매 등등 각 분야에는 톱에 천재급이 하나씩 붙어 있어야 돼. 과거 17세기에는 왕이나 영주를 위해 수만 명 노예가 일을 했잖아. 앞으로 21세기는 한 사람의 천재가 1만 명 10만 명 100만 명을 거둬먹여 살리는 시대야. 미국 예만 봐도 알 수 있잖아. 반도체 발명한 사람, 소프트웨어 발명한 사람 봐봐. 본인도 부자가 됐지만 이걸로 수천만 명이 잘 살게 됐다고. 이게 앞으로의 21세기 인재와 조직의 기본 형태야."

-

삼성의 7-4제는 그야말로 획기적이었다. 오전 7시에 출근하는 데 대한 불만도 많았고, 현실적인 어려움을 토로하는 임직원들도 많았다. 더 심각한 문제점은 오전 7시에 출근해도 오후 4시에 제대로 퇴근을 할 수 없다는 점이었다. 오후 4시가 돼도 중간 간부들이 퇴근하지 않으면 사원들은 퇴근하는 데 눈치를 볼 수밖에 없는 형편이었다.

이건희는 임직원들을 향해 "4시 이후엔 골프를 치든 그림을 그리든 낮잠을 자든 마음대로 시간을 이용하라"고 말했다. 친구를 만나거나 가족과 함께 보내는 활동 역시 결과적으로 업무 효율을 올린다고 봤다. 또 임원들에게는 오후 4시 퇴근하는 직원들을 막거나 행선지를 묻지 말라고 당부했다.

제발 서류 만들지마.
웬만하면 말로 전화로 메모로 해

"경제가 발전할수록 부품과 원자재, 그리고 사람이 국제적으로 이동해야 되는데 이 과정에서 효율을 높여야 되거든. 독일의 예를 들어 보자고. 독일 큰 도시에는 전부 국제공항이 있어. 30분~1시간마다 비행기가 뜨고. 서울~부산이 400km가 좀 넘는데 부산 출장 가려면 하루 만에 안 되고 1박 해야 되잖아. 그런데 독일에서는 700~800km 떨어져 있는 도시의 지점을 하루 만에 갔다 와. 아침에 집에서 공항 가서 비행기 한 시간 타고 지점 갔다가 회의한 시간 하고 점심 먹고 본사 돌아와서 보고하고 퇴근할 수 있는 거야. 우리는 그에 비하면 24시간 늦게 가는 거지. 비효율적인 거야. 거기다 우리는 보고한다고 보고서 만들고 팩스 보내고 사장한테 보고한다고 시간 맞추고 하는데 그것도 하루 만에 안 되잖아. 제발 서류 만들지 마. 웬만하면 말로 전화로 메모로 다 해. 독일 사람이 하루 만에 할 걸 우리는 일주일 걸린다고. 인건비 생각하면 독일 갔다 오는 게 더 싸겠어. 반도체 같은 건 하루에 거래가 몇억 단위인데 서류 왔다갔다 할 시간이 어딨어. 서류 들고 다니는 사람이 없어야 돼."

-

이건희는 절차에 낭비되는 시간을 아까워했다. 국가경쟁력에는 속도도 포함된다고 믿었기 때문이다. 그는 "산업의 국가경쟁력은 사람과 짐이 이동할 때 그 정확성과 속도에 있다"고 했다. 또 신속하고 정확한 이동을 위해서는 기획과 구매 등 단계 전반에서 신속성과 정확성이 뒷받침돼야 한다고 생각했다. 그래서 보고서와 결재서류에 대해서는 거부감을 갖고 있었다. 만드는 시간, 사인받는 시간, 전달하는 시간 등을 생각하면 모두 쓸데없는 과정이라는 판단 때문이었다. 또 서류는 권위주의의 상징이라는 점에서도 거부감을 느낀 것으로 보인다. 그는 "서류를 없애서 권위의식을 없애버려야 한다"며 웬만한 보고는 대면이나 전화로 하도록 했다.

여사원한테
담배 사와라, 예쁘다 하지 마라

"여사원한테 담배 사 오라 하면 미국에선 고소당하는 거 알지? 여비서한테도 예쁘다 그런 소리 하지 말고."

-

지금은 상상하기 힘든 사내(社內)문화이지만 1990년대에는 건물 안, 사무실 안에서 흡연이 가능했고, 부하직원에게 담배 심부름을 시키는 일도 흔했다. 문제는 담배를 피우지 않는 여사원에게 나이가 어리거나 아랫직급이라는 이유로 담배 심부름을 시키는 경우였다. 여성과 고졸 사원에 대한 차별 철폐에 나선 이건희는 인사시스템을 바꾸는 것뿐만 아니라 사내문화를 바꾸는 데도 앞장섰다. 그는 신입 임원 특강에서 여사원에 대한 성희롱성 외모평가 발언과 심부름을 엄금하며 "이사가 바뀌면 부장이 바뀌고 과장이 바뀐다"고 솔선수범을 강조했다.

출장은 철저히 준비하고
제대로 배우고 전파해라

"외국 나가서 배우고 오라고 연수를 보내고 출장을 보내면 돌아와서 전파를 해야 되는데 그것도 제대로 안 돼. 애초 열심히 배우고 돌아와서 노하우를 전파할 인물을 보내야 되고, 가기 전부터 철저하게 공부를 해야 되는데 그게 안 돼. A급 인재를 보내라고. 출장 간다고 가서 임원 한두 명 만나고 시내 관광이나 할 거면 아예 가지를 마. 가기 전에 2~3일을 잡아놓고 공부를 어떻게 할 것인지 공부를 하고 가야 돼. 한번 가면 기술자들, 여사원들까지 만나보고 어떻게 일하는지 다 보고 와야 될 거 아냐. 우리가 뭘 잘하고 못하는지 완전히 파악을 한 다음에 남의 걸 봐야지. 신세계에서 일본 미쓰코시(三越: 일본 최초의 백화점)에 배우러 갔는데, 어느 날은 그쪽에서 전화가 왔어. 삼성, 신세계 얼마든지 도와드리고 싶지만 열 번 오는데 어떻게 열 번 똑같은 질문을 하느냐고, 시간낭비를 하느냐고 하더라고. 보내지 말란 얘기잖아. 내가 지금 이렇게 얘기하지만 앞으로도 또 그런 사건은 나올 거야. 연수를 왜 가는 거야? 목적 없이 회장이 가라니까 가는 거면, 가서 슬렁슬렁 보고 올 거면 가지 말라고."

-

이건희는 임원 대상 강연에서 해외출장의 효율성에 대해 지적했다. 1990년대 초까지만 해도 해외출장과 해외여행이 현재처럼 일반화되지 못했고, 대기업 직원에게 해외출장은 상(賞)처럼 여겨지던 시대였다. 그는 "출장을 갔다오면 전파하는 것이 중요하다"는 점을 강조하며 "한국사람은 청기와장수 의식이 있다"고 지적했다. 청기와장수란 옛 이야기에서 유래된 말로 비법이나 기술 등을 남에게 알리지 않고 자기 혼자 차지하려는 사람을 이르는 말이다. 이건희는 사장들을 향해 "출장을 보내려면 열심히 배우고 돌아와서 열심히 전파할 사람을 골라라. 가서 자기만 보고 올 거면 보내지 마라, 돈낭비다"라고 강조했다.

친절은 인사 잘하는 게 아니다.
기본을 모르면 연수와 교육은 낭비

"고객에 대한 친절이 뭔지 알고는 있나? 쓸데없는 미소나 짓고 절만 꾸벅꾸벅 하면 친절인 줄 착각하고 있어. 잘 차려입고 미소짓고 절하는 게 친절이 아니라고. 손님이 알고 싶어 하는 질문에 정확하게 대답할 줄 아는 것, 그게 친절이야. 또 상대방을 잘 파악해서 제대로 된 상품을 추천하는 게 친절이거든. 제대로 된 회사는 손님이 나갈 때 기분좋게 나가고 그 회사 이름과 담당자 정도는 기억하고 나와. 다시 비슷한 업무 있을 때는 그 회사, 그 사람 찾게 되는 게 진짜 친절한 회사와 사람의 실적이야. 일본 기업이 인사 잘해서 친절하다고 하는 줄 아나? 해외 전문가들 불러서 들어보라고. 업의 개념을 이해하라고 내가 여러 번 얘기했는데 이해하고 있나? 자기 회사가 어떻게 시작했고 발전했는지 제대로 파악하고 있어야 전략을 세울 수 있어. 보험이든 호텔이든 그 업이 지구상에서 언제 시작됐는지, 한국은 언제 시작했는지, 어떻게 변천해 왔는지, 어떤 규제가 있는지 철저하게 이해하고 있어야 돼. 이런 기본적인 걸 모르는 상황에서 회장이 소리 지른다고 연수니 교육이니 한들 뭐해. 오히려 낭비야."

-

이건희는 서비스업 계열사들에게도 '업의 개념'을 철저히 해야 한다고 당부했다. 고객에게 양질의 서비스를 제공하는 게 최우선이며 피상적인 친절은 그 다음이라는 것이었다. 당시 서비스업계의 친절이란 '종업원의 미소와 인사'라는 이미지가 존재하고 있었고, 서비스업계의 신입사원들은 인사하는 법, 용모를 꾸미는 법 등의 연수를 받는 경우가 많았다. 이건희는 친절은 그게 아니라고 강조했다. 그는 신라호텔이나 용인자연농원(現 에버랜드)의 서비스를 예로 들며 호텔은 최상의 객실과 음식을 제공하는 것, 자연농원은 최상의 볼거리와 즐길거리를 제공하는 것이 친절한 인사보다 중요하다고 말했다.

인사 책임자가 현장에 자주 가는 회사는
직원들의 불만이 적다

"이사 이상은 내가 직접 불러놓고 얘기했지만 사원들은 들을 수가 없었지. 또 그 사람들 입장에서는 신경영 한다고 월급이 몇십% 늘어나는 것도 아니고 신경영에 매력을 못 느낄 수밖에 없어. 또 신경영이다 변화다 하니까 전직하겠다는 사람도 많고, 실직에 대한 부담감도 갖게 되겠지. 이건 다 중역들 책임이라고. 사원들이 신이 나지 않는 건 사장 리더십이 문제야. 사원들에게 위기의식을 심어주고, 정신교육을 하고, 질 경영이 잘되면 더 많이 받을 수 있다는 얘기를 해야지. 여기(비서실 사장들) 공장 내려가 본 적 있나? 맨날 전화로 하거나 공장 사람 부르고, 가도 공장장 방 한 번 갔다 오거나 그런 거 아니냐고. 각 사별로 사장부터 인사 책임자가 현장에 몇 번 내려갔는지 조사해. 또 어느 회사 어느 직급이 불만이 많은지 조사해 보고. 사장이 자주 가는 회사는 불만이 적을 거야."

-

신경영 선언 8개월 후인 1994년 2월, 삼성경제연구소는 신경영과 관련한 임직원 만족도 및 변화에 대한 설문조사 결과를 이건희 회장과 비서실에 보고했다. 이 조사에서 만족도와 변화의 정도는 직급별로 임원급이 가장 높았고, 말단 직원과 생산직, 연구개발직, 여사원 사이에서는 만족도와 변화의 정도가 미미한 것으로 나타났다.

이건희는 "회장이 추진하는 신경영에 직원들이 무관심한 것은 각 사 사장의 리더십에 문제가 있는 것"이라며 직원들과의 스킨십을 늘리라고 지적했다.

직원들에게는
물리적으로 눈에 보이는 걸 해줘라

"대리, 차장급보다 말단 사원들의 분위기가 중요해. 직원들한테는 물리적으로 눈에 보이는 걸 해줘야지. 공장에 운동장 만들어주라고 얘기했는데 그게 뭐가 힘들어서 아직 안 돼? 직원들한테는 자식이 제일 중요한데 애들 놀 데 하나 없잖아. 사람은 감정이 우선이기 때문에 윗사람 지도력에 의해서 많이 좌우된다고. 비서실도 종업원 사기를 최우선으로 두고 방안을 생각해 봐. 공장 현장의 중역들은 상무건 전무건 의자도 싹 치워버려. 권위주의가 눈에 보이면 사기가 오르겠냐고. 중역 의자는 치우고 사원들 쓰는 휴게실 안락의자는 더 좋은 걸로 갖다줘. 그게 권위주의에서 벗어나는 거야."

\-

이건희는 직원의 사기를 진작시키기 위해서는 권위주의를 타파하고 그들을 위한 혜택을 줘야 한다는 점을 강조했다. 공장에는 사원들이 체육 활동을 할 수 있고 사원 가족과 아이들이 놀 수 있는 운동장을 만들라고 지시했다. 임원들에게 사원들을 돌보고 위해야 한다는 점을 여러 차례 강조했다. 마음가짐도 "사람들은 위로 올라갈수록, 즉 승진해서 고위직이 될수록 위를 쳐다본다"며 "위로 올라가면 아래의 사람들을 신경써야 하는 것이 경영철학의 진리"라고도 했다.

이건희가 말하는
반도체 업의 개념

이건희는 그룹 사장단 앞에서 한국의 반도체 산업이 어떻게 시작됐는지, 어떤 과정을 거쳤는지에 대해 설명했다. 다른 계열사 임원도 삼성의 중심인 반도체에 대해서는 업의 개념을 이해해야 한다는 취지였다. 또 그룹 내 회사들이 각자 업의 개념을 이해하는 동시에 회장의 리더십 하에 함께 성장해 나가야 한다는 점도 강조한다. 이건희의 설명을 그대로 옮긴다.

"삼성반도체가 어떤 경위로 어떻게 생겨서 오늘날에 이르렀는지는 내가 제일 잘 알 거야. 시작은 1974년 부천에 강모라는 사람이 세웠는데(편집자 주 : 한국반도체), 초기에 자금이 없어서 공장을 세워놓고 문닫을 판이었다. 강진구 회장(편집자 주 : 前 삼성전자 회장, 1974년 당시 삼성전자 대표이사 사장)이 나한테 사자고 했지. 그때 삼성전자는 형편없었고 아무것도 아닐 때였어. 가격이 몇십억 원 했는데 삼성전자 재력으로 완전히 살 수 없어서 내 개인 돈을 넣고 해서 샀어. 3~4년 계속 적자가 났지. 삼성전자 경영진과는 전혀 관계가 없이 강진구 회장이 뛴 거야.

그 회사가 어떤 회사냐. 박정희 대통령 때 박근혜가 서강대 다닐 때 교수가 사장을 해서 그 시절에 100억 원이 넘는 돈을 투자했다는 거야. 굉장한 과잉투자를 해서 겁 내서 아무도 못 살 때지. 우리는 그걸 안 사면 통신업에 들어갈 수 없어서 과잉투자가 됐든 안 됐든 한번 해보자 해서 샀어. 그때 인수를 받아서 그 후로 첫 해 10억, 20억 이익 내다가 1982년 1983년 이때 150억, 200억 이렇게 이익이 보이더라. 그때쯤 앞으로 10년은 계속 수익 날 거라는 예측이 됐지. 2,000억도 투자할 수 있다는 생각이 들었어. 그래서 반도체를 할 수 있다고 자신감을 갖고 선대 회장하고 내가 정한 거야. 기술이 뭔지, 얼마나 보장이 되는 건지, 64K가 뭔지도 모르고 들어갔다고.

반도체는 사장 이하 팀들이 내 말을 많이 듣기도 했지만 내가 하지 말라는 건 절대로 안 했어. 요즘 탈 나고 있는 회사들, 대형사고나 대형적자 내는 회사들은 내가 평소에 하는 얘기를 한 마디도 안 듣는 거야. 사람 키워라, 기술 중요시해라, 기술 사라, (기술을) 안 팔면 기술자와 고문을 데려와라, 이렇게 계속 얘기했는데 이런 말을 안 들은 회사들은 큰 구멍을 내고 있다고. 이제는 첨단 기술회사들은 돈으로 기술을 팔지도 않아.

원래 어떤 회사든 태어날 때는 다른 회사 도움을 받지만 도움받고 크면서 10년이면 정상적으로 자리잡고 커지지. 그 다음 5~10년은 이익이 많이 나게 돼 있고, 또 다른 회사 도울 수 있고. 삼성 내 회사들이 그렇게 해야 돼. 내가 신경영 하면서 내 성격에 안 맞는 과격한 인사를 많이 했는데. 여러분 각자가 자기 자신이 어느 정도 그룹에 기여하고, 회사에 기여하고 있는지 잘 생각해 봐."

내가 본 이건희

신경영 파트너였던 현명관 前 삼성그룹 비서실장(前 삼성물산 회장)

玄明官

1941년생. 서울高·서울대 법학과 졸업 / 호텔신라 대표이사, 삼성건설 대표이사, 삼성그룹
회장 비서실장, 삼성물산 회장, 전경련 상근부회장 역임 / 한국마사회 제34대 회장

"위기의 한국경제,
이건희 같은 사람 하나만 더 있었어도"

　　　　　이건희는 회장직에 취임한 1987년부터 급성심근경색으로 쓰러진 2014년까지 총 7명의 비서실장과 함께했다. 조직명은 비서실에서 구조조정본부, 전략기획실, 미래전략실로 이름은 계속 바뀌었지만 비서실은 그룹의 핵심이었다. 소병해·이수완·이수빈·현명관·이학수·김순택·최지성 7명의 비서실장 중 이건희 회장과 웃는 낯으로 떠난 사람은 현 전 실장이 유일한 것으로 알려져 있다. 현명관 전 실장은 삼성그룹 공채 출신이 아니며 삼성전자 등 주력계열사 근무경력도 없다. 그런 그를 이건희가 2인자로 발탁한 것은 혁신, 즉 과거와의 단절을 뜻하는 것으로 분석됐다. 3년간 신경영을 함께했던 현 전 실장은 이건희의 육성 녹음 테이프에 대해 "삼성의 자산이라 생각하고 언젠가는 돌려줄 생각으로 보관하고 있었다"고 했다.

이건희 회장의 신경영을 가장 가까이에서 함께한
당시의 최측근입니다.

　"호텔신라-삼성시계-삼성건설을 거쳐 근무하던 제가 그룹 비서실장이 될 것이라고는 저는 물론 그룹의 누구도 생각하지 못했습니다. 그런데 이건희 회장은 프랑크푸르트 선언 2년여 전부터 저를 눈여겨보고 있었던 것 같습니다. 저는 사장단 회의에서 입바른 소리를 하기도 했고, 삼성그룹을 특성과 장점에 따라 소그룹으로 나눠야 한다는 얘기도 했습니다. 이 회장은 제가 감사원에서 근무한 경력도 물어보셨죠. 처음 비서실장 제안을 받았을 때는 제가 공채 출신도 아니고 외곽 계열사에만 근무했고 인맥도 없다고 사양했는데, 이 회장은 '바로 그래서 당신에게 비서실장을 하라는 거다'라고 했습니다. 과거와의 단절을 포함해 강한 혁신의 의지를 인사에서 보여준 겁니다. 사실 저는 호텔신라에서 오래 근무했기 때문에 일부에선 '이인희(이건희 회장의 누나, 전 한솔그룹 고문)의 사람'이라는 소문이 있었는데 그런 사람을 2인자로 들인다는 게 보통 결심은 아니었겠지요."

이건희 회장의 가장 큰 장점은 뭐라고 보십니까.

　"선견지명과 결단력입니다. 삼성을 먹여살리는 반도체사업이라는 게 세계 경기에 영향을 크게 받기 때문에 경기가 좋지 않을 때는 삼성전자가 망할 거라는 얘기가 나올 정도로 상황이 나빴던 적이 있었습니다. 그때 삼성전자 사장을 비롯해 모두가 절대 투자불가는 물론 철수를 외칠 때 이건희 회장은 '이럴 때 우리가 더 과감하게 해야 한다'며 투자했습니다. 결국 삼성의 반도체는 세계 1위를 독점하고 있지 않습니까. 미래를 예측하는 능력은 물론, 그걸 행동으로 실천할 수 있는 결단력이 1등 삼성의 힘이라고 생각합니다. 선견지명에 대해서는 이 회장을 아는 사람이라면 다들 감탄할 수밖에 없는 게, 30년 전부터 '배터리 사업을 빨리 해야 한다', '소프트웨어 인력을 대거 데려와야 한다'고 사장단을 닦달했습니다. 그때 저나 사장단은 그게 무슨 소린지 이해가 잘 가지 않던 때였어요. 1991년 소련이 해체될 때는 소련의 첨단연구소 인력을 빨리 스카우트해 오라고도 했지요. 그런 선견지명과 결단력이 글로벌 일류기업을 만든 이건희 리더십의 근원입니다."

신경영 초반에는 힘든 일도 많았겠군요.

"사내 분위기가 좋지 않았죠. 모든 계열사가 국내 1위를 하고 있는데 이건희 회장이 '다 틀렸다, 다 고쳐라, 다 바꿔라' 하니 임원과 직원들이 혼란이 일어날 수밖에 없지 않겠습니까. 또 무조건 양보다 질이라고 강조하니 매출을 올려야 하는 임원들 입장에선 납득하기도 어려웠죠. 그런데 그런 혼란들이 이건희 회장의 단호한 태도로 잠잠해진 사건이 있었습니다. 프랑크푸르트 선언 직후 제 전임자인 이수빈 비서실장이 이 회장 지시로 회장과 나눈 대화를 녹음해 와서 사장단 앞에서 틀어준 적이 있어요. 이수빈 실장은 '질도 중요하지만 양도 중요합니다'라는 요지로 이야기했습니다. 사장들은 속으로 '잘한다'고 이수빈 실장을 응원하고 있었는데 갑자기 쨍그랑 소리가 나는 겁니다. 이 회장이 과일 먹던 포크를 집어던진 거예요. 그 소리에 장내가 얼어붙었습니다. 이 회장이 말도 많지 않고 화를 내거나 하는 일이 거의 없거든요. 혁신 의지가 얼마나 강한지 그 소리로 알 수 있었습니다. 그 후 사장단은 신경영에 적극적으로 참여하게 됐습니다."

이 회장이 자신의 이야기를 녹음하도록 했나요.

"구두 지시가 정확하게 전달되지 않을 가능성이 있다며 사장단과 나누는 모든 대화와 통화를 녹음하도록 했습니다. 자신의 지시가 조금이라도 다르게 진행되는 일이 없도록 만전을 기한 겁니다."

3년여간 비서실장을 지냈는데,
체력적으로도 쉽지 않았겠습니다.

"일단 이건희 회장의 라이프스타일에 따르자면 잠을 잘 수가 없었습니다. 매일은 아니지만 일주일에 서너 번씩은 새벽 1~2시쯤 전화벨이 울려요. 이건희 회장이 아이디어가 떠올랐다며 전화를 하는 겁니다. 지금 오라고 하는 일도 종종 있었는데 운전기사는 이미 퇴근했고 제가 운전해서 한남동으로 가서 머리를 맞대고 회의를 하곤 했죠. 그러다보면 동이 트고 집에 가서 세수하고 출근하고. 그런 생활이 이어졌습니다. 3년을 그렇게 일하고 나니 어느날 이 회장이 저에게 '피골이 상접하네'라고 하더라고요. 30여 년간 삼성에 몸담으면서 가장 힘들었던 시간도 삼성그룹 비서실장 시절입니다. 당시 YS정권과 삼성 간에 충돌이 있었고, 삼성과 중앙일보가 메이저 언론사들과 이른바 '언론전쟁'을 벌이기도 했고요. 삼성의 경영혁신도 있었고 너무 많은 사건들이 있어서 가장 힘든 시점이었습니다."

"원래 신경영과 문민정부가 비슷한 시점에 출범하면서 삼성과 김영삼정부는 긴밀한 관계를 유지했습니다. 새로운 한국을 만들자는 목표는 같았으니까요. 그런데 이건희 회장이 삼성자동차를 출범시키려 했지만 다른 자동차회사는 물론 여론이나 정치권도 부정적이다 보니 스트레스를 많이 받았었지요. 이 회장은 삼성이 잘되자고 자동차사업을 하려는 게 아니고 경쟁을 통해 국내 자동차산업의 경쟁력을 높이자는 거였는데 남들이 그렇게 봐주질 않았습니다. 그런 상황에서 기자들은 계속 삼성자동차에 대한 이야기를 끌어내려고 이 회장에게 집요하게 질문을 했고, 그런 과정에서 나온 얘기였죠. 그 발언 때문에 대통령 입장에선 '그렇게 도와주려고 했는데 삼성이 이럴 수가 있느냐'며 오해를 하게 되고 삼성과 정부의 관계가 나빠진 건 사실입니다. 그런데 선거도 있고 영남지역에선 삼성의 자동차산업 진출을 원하는 목소리도 높고 해서 삼성이 자동차를 하는 걸로 결론나면서 마무리됐죠."

'30년 삼성맨'으로서 지금의 삼성을 어떻게 보십니까.

"사실 삼성에 대해 걱정이 많습니다. 삼성은 지금까지 잘해 왔고 다른 그룹보다는 잘하고 있지만, 걱정되는 게 몇 가지 있습니다. 첫째는 미래의 먹거리입니다. 지금 삼성을 먹여살리는 건 반도체인데, 한 기업이 한 품목에서 영원히 세계시장을 주도하는 건 불가능합니다. 반드시 넘어갑니다. 반도체 다음엔 뭘 먹고 살 것인지 찾아야 하고 보여줘야 하는데 뚜렷하게 보이지 않아요. 바이오가 미래 먹거리라고 하는 사람도 있는데, 그 분야에서 삼성이 세계시장에서 경쟁력이 있는지는 의문입니다. 둘째는 인재입니다. 삼성이 글로벌기업으로 자리 잡으려면 세계 인재를 많이 영입해야 합니다. 그런데 삼성 CEO 중에 외국인이 있습니까? 해외 법인 말고는 본 적이 없어요. 삼성의 문화는 좀 더 개방적이 돼야 합니다. 주력기업에 외국인 CEO를 영입하는 모습을 보여주고, 혼혈주의를 강화해야 돼요. 셋째는 제조업 중심의 기업문화입니다. 삼성은 역사적으로 설탕, 전자, 화학 등 제조업에 주력해 왔고 잘하고 있습니다. 하지만 서비스나 소프트한 사업에서는 경쟁력이 떨어져요. 골프장, 호텔, IT 등 다 국내에서는 일등이지만 세계적으로는 일류가 아닙니다. 잘하고는 있지만 소프트한 사업에 역량을 쏟지 않는 걸로 보입니다. 세계적으로 경쟁력을 가진 기업이 되려면 제조업에만 집중해서는 안 됩니다."

이건희는 자동차가 기계가 아닌 전자제품이라고 생각했다. 자동차의 70%는 전기장치라는 게 이건희의 생각이었고, 미래 자동차에 탑재될 인공지능과 자율주행 기능에 대해서도 1990년대 초에 수 차례 언급했다. 이건희가 휴대폰을 2G에서 스마트폰으로 발전시키는 기반을 마련했듯이, 자동차도 기존의 기계식 자동차에서 미래형 자동차로 진화시키는 꿈을 갖고 있었다는 것이다. 현명관 전 회장은 그때 삼성이 이건희의 계획대로 자동차 산업을 제대로 시작했다면 지금은 테슬라를 앞섰을 것이라는 생각도 든다고 했다.

그는 이건희에 대해 "국가 차원에서 큰 별을 잃었다는 생각이 든다"고 했다. "이건희 회장 같은 사람 한두 명만 더 있었다면 지금같이 우리 경제가 어렵지는 않을겁니다. 그정도로 미래를 예측할 줄 알고 결단력 있는 사람은 보기 힘듭니다. 삼성을 키웠을 뿐만 아니라 한국경제를 키워온 사람이죠. 개인적으로는 저를 기업인으로 성장시켜준 고마운 분입니다. 그룹으로 간 후 한 회사에 근무할 때와는 차원이 다른 거시적인 경영관을 갖게 됐고, 삼성 비서실장으로 대관업무를 하면서 더 큰 시야를 갖게 됐습니다. 개인적으로나 국가적으로나 안타까운 일입니다. 이건희 같은 사람 한 사람만 더 있었다면 앞으로의 우리 경제에도 희망이 있을 텐데 아쉬운 마음입니다."

Part 3

사람을 바꾸다

모든 분야에서 최고를 지향했던 이건희는 1등 인재가 1등 기업을 만든다고 생각했다. "1등을 하기 위해 필요한 게 있다면 내가 다 지원하겠다"고 강조한 이건희는 인력, 부동산, 기계, 자재 등 모든 것을 "가장 좋은 것으로 하라"고 했고, 사람 한 명도 허투루 쓰지 않았다. 입사지원서에 학력을 없앴고, 급여와 상여금을 능력 및 업무별로 지급하는 성과주의를 채택했다.

삼성은 국내 기업문화도 바꿨다. 삼성은 1993년 7월 전 계열사 조기출퇴근제(오전 7시~오후 4시)를 실시하고, 1995년에는 여사원 근무복장을 자율화했으며 공채 필기시험을 전면 폐지했다. 고졸 사원 채용 및 승진제도를 처음 개선한 국내기업도 삼성이다. 이건희는 "대학 졸업장과 관계없이 입사할 수 있는 기회를 동일하게 주고 입사 후 승진, 승격에도 차별이 없도록 해야 한다며 "삼성의 입사 기준은 학력이 아니고 실력"이라고 강조했다. 그는 "뭐든지 철저히, 열심히 하면 개인 능력이 저절로 나오게 돼 있고 이게 곧 자율경영"이라고 했다. 삼성의 신경영은 다른 기업에도 큰 영향을 미쳤다.

그는 기업의 조직문화를 바꾼 것은 물론 여성의 사회적 지위 향상에도 기여했다. 이건희는 임원과 사원들 앞에서 "이제 고졸도 여성도 사장이 될 수 있고 이게 21세기로 가는 기초다"라고 공언했고, 임원 회의에서는 "여사원한테 담배 사와라, 예쁘다는 등의 말을 하지 말라"고 당부했다. 지금은 너무나 당연하게 받아들여지는 얘기지만, 당시는 여성 대졸 공채 사원들도 유니폼을 입고 커피를 타며 남성 동기들보다 낮은 월급을 받던 시절이었다. 삼성의 첫 여성 임원은 삼성가(家)의 여성들을 제외하고는 신경영 이듬해인 1994년에 처음 나왔다.

이건희 삼성전자 회장이 2011년 삼성전자 수원사업장에서 직원들과 점심을 함께 하고 있다.
ⓒ 월간조선DB

고졸 중 실력 있는 이는
(직급을) 정직하게 올려주자

"쭉 생각해본 거 결심을 했는데. 고졸 중 실력 있는 이는 정직하게 올려주자고. 과장이든 부장이든 이사든 달아줄 수 있어야 돼. 혼다(Honda)가 그러고 있다는데. 혼다는 입사하면 학력을 다 없애버린다네? 누가 고등학교를 나오고 대학을 나왔는지 전혀 따지려 하지 않고 따지지도 않는대. 그게 오늘날의 혼다를 만든 전부는 아니지만 원동력 중 하나야. 우리는 직반장(편집자 주: 공장 등 생산현장의 직급)들이 올라가지도 못하고 손해 보고 있는 거 아니냐고. 10년을 일해도 4급이고 잘해야 3급(편집자 주: 삼성 직급 기준)이잖아. 승진을 시키자고. 다만 조건을 영어나 일어 2급 이상으로 하면 돼. 다른 외국어도 좋고 영어나 일어면 더 가산점을 주고. 또 신경영을 얼마나 잘 이해하는지 시험을 보는 거지. 신경영 책자 안에서 문제를 내 시험 보게 하고 예를 들어 80점 이상이면 승진 조건이 된다든가. 직반장들이 승진을 못 하니 대졸 사원들에게 콤플렉스가 생기잖아. 이걸 바꾸려면 임원들부터 교육을 시켜야 돼. 고졸을 고졸이라고 생각하지 말라고. ○○○(편집자 주: 익명처리) 알지. 얼마나 일 잘해. 그런데 이 친구 지금 제일 겁내는 게 삼성은 대졸 아니면 안 된다는 거야. 물론 우리는 대졸이면서 아주 우수한 사람들도 필요하지만 그건 0.1%에 불과하잖아. 설계나 개발, 디자인은 대졸이 한다 해도 그게 전부는 아니니까. 다만 고졸 승진에는 외국어 우수, 신경영 시험성적 우수라는 조건을 붙이면 되겠지."

\-

이건희는 어느 날 비서실장에게 고졸 사원 승진에 대한 결심을 밝힌다. 이건희는 신경영과 혁신을 추진하는 상황에서 고졸과 대졸의 차이가 있는 현재의 인사시스템 역시 뜯어고쳐야 한다고 생각했다. 지금은 블라인드 채용이 일반화돼 있지만 당시 대기업은 대졸과 고졸 사원의 급여 갭이 있었고 고졸은 관리직 승진이 어려웠다.

그러나 인사시스템은 그룹 회장으로서도 쉽게 뜯어고칠 수 있는 상황이 아니었다. 신경영으로 고무된 대졸 사원들의 사기 문제를 고려하지 않을 수 없었다. 하지만 현장의 대부분을 차지하고 있는 고졸 사원들의 사기도 두고 볼 문제는 아니었다. 이건희는 고졸 출신으로 뛰어난 업무성과를 보이고 있는 직원들의 사례를 들며 "일단 이사들한테 고졸을 고졸이라 생각하지 말라고 교육부터 시켜라"라고 당부했다.

인사는 질 9, 양 1

"내가 인사를 9(질)대 1(양) 또는 10대 1로 하라고 하지 않았어? 왜 9대 1로 안 가냐 말이야. 양보다 질이라고 그렇게 얘기했잖아. 엉터리 물건 만들어서 물품세는 내고, 불량품 재 놓고 그 손해를 보고. 왜 양이 필요하냐고. 질 위주로 하면 양이 줄고 마켓셰어가 줄 거라고 했는데. 그게 겁나나? 뭐가 겁나서 내 말이 안 들어먹히는 거요? 내 가슴이 터져.

내가 왼쪽으로 가는 걸 바로 가자 하는 데도 안 가는 이유가 뭐냐 이거야. 4년 전에 하청업체까지 다 모아놓고 설명 다 했잖아. 나는 그때부터 계속하고 있는 줄 알았고 기술이 부족해서, 아랫사람들이 성의가 없어서 잘 안 되는 줄 알았는데 오늘 들어보니 정말 울화통이 터져. 공장을 세우든지 양을 줄이든지 문제 해결해!"

-

1993년 프랑크푸르트 선언 직전 이건희는 당시 재무팀장이었던 이학수 팀장에게 전화를 걸어 화를 낸다. 그동안 수 년간 자신이 강조했던 품질 경영, 양보다 질 위주의 인사가 왜 되지 않는지 질타하자 비서실장은 '아직 수십 년간 이어져온 인사 규칙(질 5, 양 5)이 완전히 바뀌는 데는 시간이 걸릴 수밖에 없으며 회장의 말 대로 질에 가산점을 주도록 인사시스템을 만들었다'고 설명한다. 그러자 이건희는 "내 가슴이 터진다", "울화통이 터진다"는 단어를 사용하며 한탄한다. 그룹 회장이 된 지 5년이 지났지만 그룹을 장악하지 못한 데 대한 자괴감에 시달린 것으로 보인다.

미국 자동차회사 빅3의 한국사람 다 찾아내서 데려와. 능력 있으면 현금 100억 원이라도 줘

"닛산 마쓰다 도요타 이런 회사에서도 뽑아오고. 미국 자동차 빅3(포드 GM 크라이슬러)에 한국사람이 꽤 있을 거야. 다 찾아내. 보통 수준으로 시작해서는 현대차하고 경쟁할 수 있겠냐고. 사람 뽑는 데 총력을 다해야 돼. 미국 자동차회사에서 한국인 데려오는 방안 추진하고. 물론 미국사람이라도 오겠다면 좋고. 그리고 자동차도 디자인이 얼마나 중요한지 알지. 앞으로 디자인 경쟁을 하지 않으면 안 되는데 디자인 그쪽은 한국을 좀 무시할 거야. 한국이 자기들의 디자인을 어떻게 만들어내느냐 그러면서. 그러니까 우리가 그런 외국의 디자인학교를 들여올까 해. 근데 아무리 좋은 학교라도 배우는 사람이 받아들일 능력이 없으면 안 되잖아. 자동차 총괄할 인물로 일본이나 미국 사람도 찾아봐. 한국에 그런 사람 있다면 현금 100억 원이라도 주고 데려오고 싶어. 신입사원도 마찬가지야. 신입을 뽑아 3년 동안 가르친다고 생각해. 교육이라도 제대로 시켜야 된다고. 고졸 대졸 사원들을 100명 이상씩 닛산에 상주시키는 거지. 월급은 우리가 주고. 거기서 일 배우고 일 해주고 오도록 하자고. 발상이 말랑말랑하지 않으면 절대 안 돼."

-

이건희는 자동차사업을 하고 싶어했고, 한다면 1등을 해야 한다고 생각했다. 관건은 인력에 있다고 생각한 이건희는 일본 닛산, 마쓰다, 도요타에서 인력을 뽑는 것은 물론 미국 자동차회사에서도 스카우트하길 바랐다. 보통 수준으로 시작했다가는 몇 년이 지나도 선발주자인 현대차를 이길 수 없을 것이라고 생각한 것이다.

이건희는 비서실에 해외 자동차 관련 인력 스카우트를 주문하며 자동차 총괄 임원에 기술자 출신을 추가하고, 닛산이나 도요타에서 중역을 지낸 인물을 소개받으라고 당부했다.

2급 인재 10명 10억보다
A급 인재 한 명 15억이 낫다

"해태(타이거즈)는 외국에서 선수 데려온다며. 야구가 (기업) 이미지에 상당히 중요한 거라고. 전략·전술이 필요해. 가능성이 있다면 몇십억 투자하는 건 문제가 아냐. 2급 인재 10명을 10억에 뽑는 것보다 A급 인재 한 명을 15억에 뽑는 게 낫거든. 운동도 그래. 야구뿐만 아니라 농구, 탁구 다. 근데 이건 내가 프로야구 생길 때(1982년)부터 얘기한 거거든. 왜 그렇게 말을 안 듣지. 잘하는 사람은 공정한 기준으로 막 올려주라고 해. 그런 제도를 만들겠다고? 당연히 만들었어야지."

-

이건희는 인사에 대한 관심은 제조업에만 그치지 않았다. 그는 프로야구 구단 삼성라이온즈의 인적 개혁도 요구했다. 모든 분야에서 '1등 삼성'을 원한 이건희는 삼성라이온즈가 1위를 하지 못하는 점을 안타까워했다. 그는 "운동선수는 중학교 때부터 키우고 지원하라고 내가 프로야구 시작할 때부터 얘기하지 않았느냐"며 A급 인재를 키우라고 당부하는 동시에 "2군도 제대로 만들어서 가능성을 높여라"고 했다.

전무급 이상은
정신교육시켜라

"금년에 전무급 이상 한 번 정신교육시키는 걸 연구해봐. 부장급 이상에게도 위기의식을 한 번 더 주입해서 상품이나 서비스의 질도 올리면서 혁신을 계속하도록 해야 돼. 금년 말까지의 계획과 내년에 해야 할 일 계획도 다시 체크해봐."

\-

이건희는 임원들의 위기의식을 다잡기 위해 '정신교육'이라는 단어를 쓰기도 했다. 현재 하고 있는 일 외에도 향후 매년 해야 할 일을 제대로 파악하고 있는지 점검해야 한다는 것이었다.

전문가는 요구하기 전에 대우해 줘서
신바람나게 일하게 해

"삼성의료원에 있는 내 주치의가 여비서 한 명 부탁했는데 한 달 반이 걸렸대. 비서 한 명 똑똑한 사람 보내주면 의사들은 하루 두세 시간을 더 진료나 연구에 쓸 수 있다고. 의사 몸값이 얼마야. 어렵게 데려와서 너무한다는 말이 안 나오겠어? 의사들은 직장인하고 달라서 불만이 있어도 말을 안 하거든. 말 안 한다고 불만이 없는 걸로 착각하면 안 돼. 의사란 미리 알아서 대우해 주면 신바람이 나서 일할 수 있는데 뭔가를 해달라고 해서 해주는 건 이미 늦은 거야. 의사가 화를 내면 인연 끊을 때가 된 거야. 이런 걸 과연 알고들 있나.

삼성의료원은 지금 돈은 돈대로 쓰고 욕은 욕대로 먹는 거야. 생색은 전혀 안 나고. 의사들이 원하는 건 학회 나가고 논문 쓰고 그런 걸 지원받는 건데 그것도 제대로 안 되고. 지금부터라도 의사들 어떻게 지원해 줄지 조사해서 진행해봐. 신바람 나서 일하게 해줘야 한다고. 또 삼성의료원은 의사가 촌지를 안 받게 돼 있잖아. 다른 병원하고 비교하면 불만이 생길 수 있어. 학회나 세미나 지원 같은 걸 충분히 받고 있는지 검토해봐."

-

이건희는 혁신을 위해 외부에서 우수인력을 데려오는 데 많은 노력을 했고, 그들을 관리하는 데도 세심한 주의를 기울였다. 특히 기술전문가들에 대해서는 경쟁업계에 뺏길 수도 있다는 긴장감을 늘 갖고 있었다. 의사도 마찬가지였다. 삼성의료원 의사들에 대해 "제대로 해주지 않으면 저쪽(경쟁업체)으로 가지 않겠느냐"며 "신바람나게 해줘야 일을 한다"고 강조했다. 당시 대형병원 의사들은 수술이나 입원이 끝나면 환자나 보호자들로부터 촌지를 받곤 했는데, 이건희는 삼성의료원 의사들은 촌지를 받지 못하도록 원칙을 세우고 그 대신 충분한 처우를 해주라고 지시했다.

아랫사람이 일하다 실수하는 건 야단치지 마.
단 똑같은 실수가 계속되면 안 돼

"위로 갈수록 책임이 커지지. 사람을 볼 때는 단기적으로 보지 말고 몇 달이 되든 몇 년이 되든 전체적으로 평가를 해. 아랫사람이 일하다 실수 좀 하는 건 야단도 치지 마. 근데 똑같은 실수가 계속되면 안 돼. 작은 일이 일어났을 때 집어내서 담당자한테 경고를 하면 본인도 반성하고 옆에도 교육이 되는 건데 그렇게 하지 않으면 큰 사고가 나지. 또 큰일이 났을 때면 실수가 아니고 반복된 일이라면 파면을 해버려. 그걸 못 해서 결국 큰 손해를 끌고 가는 경우가 많아. 금방 해결할 수 있는 걸 인심 잃기 싫어서 5년 10년 덮어놓다가 몇천억짜리 탈이 나버린다고. 탈 자체가 중요한 게 아냐. 돈이 아까워서 내가 이런 소리 하는 게 아니거든. 그런 정신으로 일을 하면 젊은 사람들이 의욕을 갖고 일할 수 있는 구조가 안돼. 열심히 일하고 뛰겠다는 분위기를 만들어야 하는 게 여러분들의 일이야. 잘되는 회사는 공통점이 다 있어. 열심히 일하고, 불량품 없고, 연공서열 인사가 없지."

-

이건희는 신경영을 추진하면서 삼성그룹의 인사 시스템을 아쉬워했다. 한 사람에게 한 번 맡기면 중간평가를 하지 않고 계속 믿고 간다는 점, 과오를 저지르면 잘라내는 점 등은 어찌 보면 맞는 원칙이지만 장기적인 인력운용을 위해서는 적절치 않다고 생각했다. 이건희는 늘 "실수를 인정하는 사람은 칭찬하고, 똑같은 실수를 계속 저지르는 사람은 잘라라"고 강조했다.

앞으로는 고졸도 여성도 사장이 될 수 있어.
이게 21세기로 가는 기초야

"매년 신임 이사가 나오지만 오늘 이 자리의 분들은 과거의 신임 이사하고는 여러 가지 차이가 있어. 제2 창업 신경영의 첫 해 이사는 정말 엄선해 실력 위주로 연공서열 배제하고 발탁한 거야. 여성도 한 분 계시고. 고졸도. 과거에는 고졸 하면 과장, 부장이 최고였는데 앞으로는 고졸도 여성도 사장이 될 수 있어. 이게 21세기로 가는 기초야. 여러분은 축복받은 거고 운이 좋은 거지. 신경영, 변화를 하자고 하는데 딱 걸린 거니까. 책임감은 더 커졌지만."

-

프랑크푸르트 신경영 선언 후 첫 임원 인사인 1994년 1월 1일자 삼성그룹 신임 임원 인사는 큰 의미를 갖는다. 여성 임원 및 고졸 임원이 처음으로 탄생했다. 이때 이사가 된 임춘자 삼성생명 이사는 이명희 신세계 회장 등 삼성가(家) 여성을 제외하고는 삼성의 첫 여성 임원이다. 임 이사를 포함해 고졸 임원 4명이 탄생했고, 대부분이 40대였으며 30대 임원도 여러 명 나왔다.

과거엔 과장 부장 이사 되면
책상에 앉아 도장 찍는데
그거 진짜 국력 낭비라고

"지금 이 자리엔 몇몇을 제외하고는 거의 40대야. 아직 머리가 굳어지지 않아서 변화할 가능성이 있어. 다만 지난 15년여간 양위주로 일했던 습성은 빨리 버려야 돼. 지금부터는 과거의 양 위주 경영은 무시해버리고 질과 이익을 봐야 한다고. 과거엔 외형만 늘리면, 매상 늘리면 고과 A가 나왔는데, 21세기를 대비하는 지금은 이런 사고방식을 완전히 뜯어고치지 않으면 살아남을 수 없어. 여러분이 곧 몇 년 후 삼성그룹의 실무 최고 책임자가 될 건데, 여러분 선배들은 안 변할 거고 여러분 밑의 사람들은 신인류에 가까워. 집에서도 사회적으로도 가운데 낀 세대라고. 과거 선배들은 과장, 부장, 이사 되면 전부 책상에 앉아 도장 찍으려 했는데, 그거 진짜 국력 낭비라고. 이사까지는 현장에서 뛰지 않으면 개인 손해, 회사 손해, 국민 손해야. 자신이 구체적으로 뭘 할지를 고민해 봐."

\-

삼성그룹 회장 취임 당시 40대, 신경영 추진 당시 50대 초반이었던 이건희는 자신과 동년배인 임원들에게 희망을 갖고 있었다. 회장 취임 직후에 자신보다 나이가 훨씬 많은 비서실, 사장단과 함께 일을 해야 했던 경험도 작용했다. 이건희는 늘 40대와 50대가 사회의 주축이 돼야 한다고 강조했다.

기본적으로 기술,
그리고 경영 판매 관리도 다 알아야
21세기에 생존

"그룹 안에서도 이상한 풍토가 있어. 자기가 기술자다, 관리다, 언론인이다, 이런 식으로 계급을 짓고. 기술자고 관리직이고 영업직이고 그런 계급이나 구분 짓지 말라고. 기본적으로 기술에 대한 개념은 다 알아야 되고 경영, 판매, 관리 이런 것도 서로 다 알아야 21세기에 살아남을 수 있어. 기술자라고 맨날 설계도만 그리고 하면 안 돼. 여러분은 21세기에 상무, 전무 되고 중심이 될 사람들인데, 그때는 상무, 전무가 지금 사장이 하는 일을 다 해야 되는 때라고. 현장에서 열심히 뛰어야 돼."

-

이건희는 삼성의 임원이라면 전문가를 넘어 복합인재가 돼야 한다는 점을 강조했다. 기술전문가라도 경영과 관리를 알아야 하며, 관리자라도 기술을 배워야 한다는 것이었다.

1994년 신임 임원 특강에서 그는 "당신들이 입사할 때 삼성그룹 매출이 400억 원대였는데 지금은 수십조 원이 됐다"며 "그동안 양을 확대하는 습성이 들었겠지만 21세기에는 질이 우선"이라고 했다. 원래 갖고 있던 한 분야의 역량만 고집할 것이 아니라 다른 분야도 습득하면서 복합적인 역량을 확대해야 한다고 이건희는 당부했다.

실수 빨리 공개하는 사람은 칭찬하고 상을 줘라. 작은 사고 덮어주는 인간은 큰 사고 친다

"실수를 빨리 공개한 사람은 칭찬하고 상을 줘. 작은 사고라고 덮어두는 인간은 큰 사고 친다고. 뒷다리 잡는 녀석은 내쫓아버려. 꼭 자르라는 거 아니고 다른 연구를 시키든지. 사고치고 실수한 사람 계속 두는 건 회사에 손해 끼치고 이미지 손상시키고 신용 잃게 하는 거야. 부하직원 하나 제대로 못 다뤄서 자기 인생 날아가는 경우도 있어. 이 그룹에도 너무 많다고. 인사 기준 신상 필벌 기준 회사가 제대로 할 테니 여러분도 평가 잘해."

\-

이건희는 임직원들 앞에서 '뒷다리 잡지 말라'는 말을 여러 번 한다. "그냥 누워 있어도 월급은 줄 테니 제발 뒷다리는 잡지 말라"는 말을 한 적도 있다. 그는 실수를 하는 사람은 적극적으로 일을 하는 사람이라고 봤다. 따라서 실수를 하더라도 빨리 인정하면 칭찬해 줘야 한다고 강조했다. 다만 잘못을 하고도 숨기는 사람은 아무 일도 안 하고 가만히 있는 사람보다 더 큰 문제라고 봤다.

20대 꽃피는 사람도 있고
40대 반짝하는 사람도 다 필요해

"인사를 급하게 하지 말고 사람의 주기를 잘 보라고. 최소 5년 갖고 평가하자고. 사람이 1년 내내 완벽하다는 건 불가능한 거야. 20대에 활짝 꽃피는 사람도 있고 20~30대 빌빌거리다 40대 반짝하는 사람도 있어. 우리 같은 업종은 다 필요해. 근데 파렴치한 사람, 남 잘되는 거 배 아파서 부정하는 사람, 뒷다리 잡는 사람, 윗사람한테 자잘한 선물하고 스케줄 잡고 인맥 리스트 만들고 이따위 짓 하는 인간들은 잡아내. 절대 파벌 만들지 말라고. 그런 인간들 출세하는 걸 보고만 있으면 안 돼. 불만 있는 사람들은 비서실 팩스나 내 집 팩스로 내용 보내. 누군가 날 모략중상할까 걱정하지 마. 건설적인 제안인지 모략인지 보면, 조사해 보면 다 나와."

\-

이건희는 인사권자들에게 신상필벌 등의 기준을 확실히 세우되 단편적인 판단은 하지 말고 기간을 두고 평가하라고 당부했다. 또 인사 대상이 됐을 경우에도 조금 손해보고 아쉬운 점이 있어도 너무 실망하지 말아야 하고, 기회는 다시 올 수 있다고 강조했다.

서비스업은 사람이 중요해.
인력에 돈을 아끼지 마

"업의 개념을 이해하라고. 자연농원은 그 안에서 애들이, 커플들이 줄을 서고 돈을 쓰게 만들어야 되는데 그게 안 돼. 대한민국이나 용인이나 똑같은 상황이야. 돈 쓰려고 왔는데 살 게 없고 갈 데가 없고 볼 게 없다고. 10만 원 쓰려고 왔다가 2만~3만 원밖에 안 쓰고 가는 거야. 왜 그런지 기초부터 다시 연구해 봐. 새로운 3차산업인 병원 서비스는 처음부터 제대로 하라고. 병원에 백화점, 호텔, 스포츠센터, 대학원까지 복합화하는 방안을 생각해 보고. 특히 서비스업은 사람이 중요해. 인력에 돈을 아끼지 마. 병원이나 복합공간 같은 새로운 사업에는 새로운 사람들 뽑아. 다른 곳에선 변하지 않던 사람도 삼성에 오면 변할 가능성이 있어. 다만 첫 3개월에 바꿔야지 안 그러면 영원히 못 바꿔. 교육에 대한 돈은 아끼지 마. 급여는 어쩔 수 없지만 보너스는 기존에서 탈피해서 A부터

F까지 주고. 꼬래비가 100%라면 위에는 1,000% 1만% 가도 좋다고. 서비스업은 보너스 개념이 달라야 된다고."

-

삼성은 제조업 외에도 서비스업, 금융업 등 다양한 업종을 보유하고 있었다. 신경영이 삼성전자를 제외한 계열사에 잘 먹혀들지 않자 이건희는 직접 금융-서비스 계열사 임원 특강에 나섰다. 그는 서비스업에 대해 사람과 교육이 가장 중요하다고 강조하며, 사람을 제대로 쓰려면 획기적인 처우를 할 필요가 있다고 했다.

숙명여대 이경숙 총장에게
"여성인재 양성해 달라"며 100억 원 선뜻 지원

이건희는 수많은 학교, 재단, 협회 등에 기부를 했지만 밝히지 않은 기부도 많았다. 사후에 밝혀진 기부내역으로는 숙명여대에 100억 원을 기부했던 사연이 있다. 숙명여대 13~16대 총장을 지낸 이경숙 전 총장은 이건희 발인날인 2020년 10월 28일 추모글을 작성해 대학 관계자들에게 전달했다. 2006년 숙대 창학 100주년 당시 이건희와 직접 만남을 갖고 100억 원의 기부를 받았던 이야기다.

이경숙 전 총장은 "2006년 숙대 창학 100주년을 앞두고 백주년기념관 건립을 추진하던 당시 천신만고 끝에 땅은 구했지만 150억 원에 달하는 건립 비용 마련이 막막했다"며 "고민 끝에 이 회장 면담을 신청했는데, 면담 요청을 수락하신 것은 물론이고 놀랍게도 저녁식사에 초대하고 싶다는 연락이 왔다"고 밝혔다. 이어 "저녁식사 때 이 회장은 '만나기로 약속한 뒤 일주일 동안 틈이 날 때마다 이 총장과 숙대를 위해 어떤 말을 해줄까 고민했다'고 진지하게 말씀하셨다"며 "직원 50만 명을 거느린 대기업 총수가 숙대를 위해 일주일 내내 고민하셨다는 말씀이 너무 고맙게 느껴져 가슴이 뭉클했던 기억이 난다"고 전했다.

이 전 총장은 "이건희 회장은 '일류 국가를 만들기 위해 기업이나 대학이 초일류로 본보기를 보여야 한다'며 '모든 것의 중심에는 인재 양성 목표가 있다'고 하셨다. 제가 '여성 인재 양성을 위한 비전은 확실하게 가지고 있는데 이를 실현하기 위한 재정 확보에 어려움이 있다'고 솔직히 말씀드리니 이건희 회장은 저녁식사에 함께 참석했던 이학수 부회장에게 '숙대 여성 인재 양성을 위해 재정 지원을 해주세요'라고 하셨다"며 "그 후 삼성은 숙대 백주년 기념관 건립 비용으로 100억 원을 기부해주셨고 백주년 기념관 2층에는 삼성 컨벤션센터가 여성 인재 양성의 산실로 영원히 자리매김하게 됐다"고 회상했다.

이경숙 전 총장은 "고인은 기업인이라기보다 철학자였다. 세상과 인생에 대해 성찰을 깊게 했고 단둘이서 대화하더라도 정성을 다해 상대방 의견을 경청하고 가장 좋은 답을 주기 위해 최선을 다했다"며 "'나라가 잘돼야 기업이 잘된다. 기업은 국가 발전에 보탬이 되는 사업을 해야 한다'는 뚜렷한 소신을 갖고 있었고, 그 중심에 인재 양성이 있다는 신념이 있었다. 기업, 공공기관 등이 그런 마음을 갖고 일한다면 대한민국은 초일류 국가가 될 것"이라고 했다.

신경영 후
임직원 만족도

신경영 본격 추진 약 8개월이 지난 1994년 2월, 삼성경제연구소는 임직원의 만족도를 조사해 이건희에게 보고했다. 외부 교수단 6명이 참여했고 2주에 걸쳐 임직원 230명을 면담해 신경영에 대한 반응을 조사한 결과였다. 보고를 받은 이건희의 반응을 지면으로 옮겼다. 이건희는 李, 보고자는 편의상 '보고'로 표기했다.

보고 : 경제연구소가 종업원 대상으로 만족도를 조사했습니다. 신경영에 대한 공감대와 변화가 어느 정도냐를 알기 위한 것입니다. 만족도는 100점 만점에 66점입니다. 면담자 모두가 '매우 좋다'고 한 기준이 100점으로, 66점은 높은 겁니다.

李 : 높은 거라고? 낮은 게 아니고?

보고 : 높습니다. 앞으로 내가 변해야겠다는 변화지수와 개인의 사기를 합쳐서 만족도를 측정했는데요. 가장 높은 게 임원급 77점, 직급별로 가장 낮은 게 5급(가장 낮은 직)으로 순서대로입니다. 직종별로는 가장 높은 데가 해외영업, 그다음 국내영업으로 영업에 근무하는 사람들입니다. 가장 낮은 데가 생산직입니다. 생산직은 대부분 4, 5급이 많습니다. 영업이 가장 높은 이유는 그동안 영업우선주의가 있었기 때문입니다. 조금 이례적인 것은 연구개발직에 근무하는 사람들의 만족도가 생산직 다음으로 낮습니다.

李 : 이례적은 아니겠지. 7-4제를 하니 물리적으로 안 맞을 수도 있겠지.

보고 : 그리고 신경영에 대한 이해와 공감도는 굉장히 높게 나타납니다. 그런데 역시 아까 말씀드린 대로 연구개발직과 생산직이 좀 낮고, 여성이 좀 낮습니다. 특이한 것은 그룹 임직원의 84%가 자신의 희생을 감수하고라도 회장의 말씀을 믿고 따르겠다고 답했습니다. 자기 희생을 거부하는 비율이 높은 쪽은 역시 연구개발직과 생산직입니다. 또 78%가 삼성의 임직원임을 자랑스럽게 생각한다고 했습니다. (신경영의 구체적인 방안 중) 비교적 잘 지켜지고 있다고 보는 것이 7-4제, 현장품의서결재 등입니다. 조금 부족한 것은 임원의 현장근무, 기록문화, 회의운영방법 등이 떨어집니다. 그 다음 조직풍토변화 면에서는 과거보다 많이 향상됐지만 향상되지 않은 것이 부서개인이기주의, 권위의식, 형식주의 등은 진전이나 변화가 없습니다.

李 : 사원들이 그렇게 보고 있다고? 부서이기주의와 권위주의 변화가 없다?

보고 : 네. 가장 호응이 높은 것은 7-4제입니다. 다만 7-4제에 대해 근래에 좀 상대적 박탈감도 있습니다. 생산직 쪽은 좀 플렉서블했으면 합니다.

李 : 부서별 이기주의는 둘째치고 개인별 이기주의도 안 없어졌어. 권위의식과 이기주의 이거 안 없애면 안 돼. 오래된 회사들이 특히 심한데, 2~3년 내에 국내에서 1등 못 하면 그 회사 없애버릴 수도 있는 거야. 신경영이 잘 안 된다면 그 이유가 뭐야.

보고 : 사원들도, 인터뷰한 교수들도 제도개혁이 지연되고 있다고 봤습니다. 신속 과감하게 했으면 좋겠다는 얘기가 있었고, 질 경영이 좋은 건 이해하는데 구체적으로 내 부서, 나 자신은 뭘 해야 하느냐는 구체적인 방법을 잘 모르겠다는 답들이 있었습니다. 또 그룹 임직원 48%가 전직을 할 의사가 있다고 답했고, 24%가 실직에 대한 부담감을 갖고 있다고 했습니다. 우리가 고려해야 할 부분입니다. 회사와 사업분야별로 분석해보면 비교적 사원들의 만족도가 높고 조직 분위기가 활성화돼 있는 회사는 중앙개발, 엔지니어링, 화학, 장치산업 쪽입니다. 반면 코닝, 합섬, 전관, 중앙일보, 반도체, 중장비 쪽은 만족도가 떨어집니다. 반도체가 이례적인데, 인터뷰한 교수들은 자부심이 지나쳐서 자만심에 빠졌다는 얘기가 있고요. 상대적으로 사기와 만족도가 떨어지는 생산, 연구, 여성 그리고 그런 회사 쪽을 집중적으로 2차 조사하겠습니다.

李 : 여성, 4~5급이 신경영에 관심이 덜한 건 당연해. 그 사람들 입장에 선 신경영에 큰 매력이 없단 말이야. 급여가 갑자기 50%씩 늘어나는 것 도 아니고, 어차피 55세면 나갈 거고. 그런데 3~5급이 신이 안 나는 건 사장 리더십 때문이야. 사장 이하 임원들 다들 정신교육 하고 위기의식 을 가져야 돼. 반도체 같은 경우 자기들은 수익이 많은데 왜 자기는 받아 가는 게 별로 없는지 불만이 있을 것 아냐. 실제로 공이 있는 사람은 표 나게 대우해 주라고 했잖아.

보고 : 또 노사협의회 역할에 대한 불만이 많습니다. 거수기만 한다는 것, 급여수준 같은 것이 회사 측에 사원의 의견이 반영되지 않는다는 불 만입니다.

李 : 노사(관계)라는 게 뭐야. 건전한 권리를 요구하는 거잖아. 노사위원 회는 내가 더 강하게 운영해야 한다고 여러 번 얘기하지 않았나. 더 불만 을 얘기하게 하라고. 저렇게 나온다는 건 내 얘기하고 따로 논다는 거야. 노동자의 불만을 120% 들어주라 했는데 왜 불만이 나오냐고. 노사위원 회에 전 팀장이 달려들어서 내가 하라는 대로 하고 비서실장이 총력을 다해서 노사위원회를 설득시켜. 노사는 완급이야. 그리고 임원들도 현 장에 좀 가 보라고. 금년들어 사장이랑 인사담당 책임자가 몇 번 내려갔 는지 각 사별로 한 번 조사해봐. 직원 만족도가 분명히 관계가 있을 거라 고. 임직원 만족도랑 사기는 급여나 상여금도 당연히 작용하지만 중요 한 건 윗사람 지도력이야. 노사위원회 신경쓰는 사장 얼마나 있어? 위로 올라갈수록 아래에 신경써야 돼. 경영학의 철학이고 진리야. 해가 동쪽 에서 뜨고 서쪽에서 지는 거하고 똑같은 거라고.

내가 본 이건희
32년 삼성 홍보 책임자 이순동 前 삼성그룹 전략기획실 사장

李淳東

1947년생. 배재高·연세대 정치외교학과 졸업/삼성전자 홍보부장, 삼성그룹 비서실 홍보팀
이사, 삼성 구조본 전무, 삼성전자 부사장, 삼성그룹 전략기획실 사장, 제일기획 사장 역임

"이건희는 우국충정의
자유시장경제 수호자였다"

　　삼성전자 최초의 홍보팀장이며 국내 대기업에서 홍보 담당으로
는 처음으로 사장을 지낸 이순동 회장은 1980년부터 2011년까지 삼성
홍보를 책임지고 이끌어온 인물이다. 현재 국제광고협회 한국지부 회장
을 맡고 있는 이 회장은 '국내 홍보맨 1호' '기업 홍보 1세대' '홍보의 전설'
등 수많은 별칭을 갖고 있다. 1972년《중앙일보》에 기자로 입사한 이 전
사장은 언론통폐합 후인 1980년 삼성전자 홍보팀장(과장)으로 자리를
옮긴다. 이후 홍보실 부장과 실장을 거쳐 1991년 삼성그룹 회장비서실
홍보이사가 됐고, 비서실 홍보팀에서 상무-전무로 승진했으며, 1998년
삼성 구조조정본부가 생기면서 구조본 홍보팀장 전무가 됐고 이후 삼성
이 구조본-전략기획실 체제를 거치며 그룹 홍보 담당 사장 자리에 올랐
다. 이밖에 삼성전자 부사장, 제일기획 사장, 삼성 브랜드관리위원장, 삼
성사회봉사단장, 삼성미소금융재단 이사장 등 삼성의 대외 업무와 관련
한 최고위 직책을 두루 거쳤다.

30여 년간 삼성의 홍보 책임자였던 이 전 사장은 그동안 이건희의 대외활동을 모두 파악하고 챙겨 온 인물이다. 그는 "이건희 회장은 단순한 기업인이 아니라 전설적인 혁신가였고, 우국충정(憂國衷情)의 애국자였으며, 자유시장경제의 수호자였다"고 말했다.

1980년 이전엔 삼성전자 홍보팀이 없었습니까.
왜 그때 생긴 건가요.
"그때 삼성에 홍보팀이라곤 그룹 홍보팀, 제일 큰 회사인 제일제당 홍보팀 정도만 있었고 인원도 소수였어요. 국내에 홍보라는 개념 자체가 정착되지 않았던 시기였습니다. 그런데 언론통폐합이라는 사건을 겪은 후 이건희 부회장이 대책을 마련해야겠다고 결심한 겁니다. 1967년 한국비료를 정부에 뺏긴 것도 삼성가(家)에는 엄청난 사건이었거든요. 정부에 기업을 뺏기지 않으려면 강력한 홍보 기능이 필요하다고 생각했고 직접 삼성전자에 홍보팀을 만들라고 지시했습니다. 또 언론통폐합으로 갈 곳을 잃은 기자들이 삼성으로 상당수 들어왔는데 그 아까운 인력을 다른 데 쓰지 말고 각 사에 홍보팀을 만들라고 이건희 회장이 직접 지시했습니다. 그때 각 계열사에 홍보팀이 만들어졌습니다. 삼성전자가 금성사를 앞서 업계 1위가 되는 과정을 이건희 회장은 일일이 체크했어요. 언론과 홍보가 기업 경영에 아주 중요하다고 생각한 이 회장은 신문기사 한 줄만 부정적으로 나와도 홍보팀에 바로 전화를 했습니다."

기업 홍보를 가장 먼저 시작한 곳도 삼성이죠.

"그렇죠. 이건희 회장은 기업 이미지 관리에 굉장히 신경을 썼어요. 회사 이미지가 나쁘면 망한다는 논리입니다. 그래서 기업 이미지 광고, 기업이 주도하는 캠페인 이런 것들이 1990년대 초반 삼성에서 시작됐습니다. 기업 이미지와 언론을 함께 생각한 거죠. 이건희 회장은 언론이 자유시장경제를 지키는 역할을 해야 하고, 언론이 제대로 생존하면서 제 역할을 하려면 기업들의 광고와 지원이 필요하다고 생각했습니다. 언론에 광고를 주는 게 기업의 사회적 비용이라고 본 겁니다. 보수 언론이고 진보 언론이고 가리지 않고 모든 언론에 광고를 줬습니다."

이건희 회장이 직접 기업홍보에 참여했습니까.

"삼성 하면 기억나는 카피 많죠? '또 하나의 가족', '국민 대표 브랜드 삼성', '디지털프론티어', '삼성이 만들면 다릅니다', 이런 문구 다들 한 번씩은 들어봤잖아요. 이 회장이 기업 이미지 광고를 만들라고 했어요. 국민에게 사랑받는 기업으로 만들라는 겁니다. 그 전엔 재벌그룹은 많았지만 '그룹 홍보'라는 개념 자체가 없었거든요. 신문 1면과 맨 뒷면에 이런 그룹 광고를 실으니 독자들에게 '아 삼성은 단순히 제품을 만들고 파는 기업이 아니라 국민을 위한 일을 하는 기업이구나'라는 이미지가 형성된 겁니다. '감사합니다 캠페인'도 이 회장의 아이디어였어요. 국민에게 감사한 마음을 항상 가지라는 거였는데 지금 생각하면 시대를 한참 앞서 나갔습니다."

<u>30년 이상 함께해 온 이건희 회장을 한마디로 표현한다면요.</u>

"우국충정입니다. 요즘 시대에 어떻게 들릴지는 모르겠지만, 이념과 관계없이 순수하게 나라를 걱정하고 잘되길 바랐어요."

<u>의외입니다. 대한민국 경제발전을 이뤄냈다거나</u>
<u>훌륭한 기업인 또는 경영인 같은 단어를 예상했는데요.</u>

"이건희 회장은 기업인이나 경영인이라고 말하기엔 아까운 존재입니다. 늘 나라 걱정을 하고 있었어요. 업무를 마치고 쉬려 해도 나라 걱정에 잠이 안 온다고 했습니다. 사실 처음엔 '이분이 대통령을 하고 싶은 건가'라는 생각을 하기도 했습니다. 삼성은 6·25전쟁과 군사쿠데타 등 현대사의 굴곡을 겪으며 자란 기업입니다. 이건희 회장은 혹시라도 자유시장경제체제가 무너질까 봐 걱정을 한 겁니다. 대한민국의 근현대사는 안팎으로 어려움이 많았잖아요. 1970년대에 경제발전을 이루긴 했지만 여전히 가난한 사람들이 많았고요. 해외출장을 가면 가난한 나라 취급을 받았다고 합니다.

이건희 회장이 바란 건 우리나라가 강한 나라가 되고 국민이 잘사는 것이었는데 그러려면 자유시장경제가 튼튼하게 자리 잡아야 하고, 그게 자신, 즉 기업인의 책무라고 생각했습니다. 1987년 회장에 취임한 지 얼마 안 돼서 한 일이 달동네를 돌아다닌 거였어요. 동행했던 임직원들은 의아해하기도 했죠. 삼성 회장의 초기 행보가 달동네라니. 다시 생각해 보면 임직원들에게도 자신과 같은 결심을 심어주려 한 것이었습니다. 돌아다니면서 달동네 사람들이 이곳을 탈출할 수 있는 기회를 만들어줘야 한다고 강조했습니다. 빈곤층이 희망을 갖지 못하면 자유시장경제는 무너지고 공산주의가 우리 사회를 침범하고 국민은 더 비참한 형편이 되고 나라는 망한다는 것이었습니다. 달동네 사람들이 번듯한 집을 갖고 중산층으로 살 수 있도록 삼성이 앞장서겠다고 했지요.

이 회장은 자신의 이익에 연연하지 않았습니다. '내가 100억 가져가나 200억 가져가나 무슨 의미가 있나, 내 재산 늘어나고 줄어드는 건 신경 쓰지 않는다'는 말을 입에 달고 살았어요. 나라가 잘살고 국민이 잘살아야 우리 후손들이 제대로 된 세상에서 살 수 있다고 했지요."

지금은 대기업이 당연하게 하고 있는 일인 사회공헌도
국내에서 삼성이 처음으로 시작했죠.

"사실 세금이 사용돼야 하는 각계 분야에 지원한 것은 물론이고, 천재지변이나 사고 발생 시에도 삼성이 나섰습니다. 삼풍백화점 붕괴 사고 때도 삼성봉사단이 출범했잖아요. 삼성 임직원들도 국가의 일에 삼성이 나서는 걸 당연하게 생각하는 분위기였습니다. 문화예술계 지원에도 앞장섰지요. 세계적인 한국인 아티스트 중 삼성이 지원하지 않은 사람은 거의 없을 겁니다. 삼성 비서실에는 각종 협회와 단체들의 지원 요청이 끊이지 않았는데 이건희 회장은 '삼성을 필요로 하는 데는 다 지원해라'라고 했습니다. 비서실과 홍보실이 난감해할 때도 많았는데 이 회장은 뜻대로 밀고 나갔습니다."

국내뿐만 아니라 해외에서 삼성의 사회공헌 활동도
규모가 컸습니다. 올림픽 공식 스폰서로도 활동했고요.

"각종 국제대회에 한국인이나 한국 단체가 나가면서 지원을 요청하면 무조건 했습니다. 출판, 애견, 레저 등등 국제적인 무대에 삼성의 손이 닿지 않은 곳이 없습니다. 88올림픽 전에 유럽 일부에서 한국인이 개를 먹는다며 보이콧한 적이 있었잖아요? 그때 국제애견대회를 삼성이 후원하면서 한국의 애견문화에 대해 홍보를 했고 보이콧 사태는 사라졌습니다. 특히 이 회장이 애견, 클래식, 미술, 승마 등을 지원한 건 이런 문화가 서구 상류층 문화에 뿌리를 두고 있기 때문에 이런 문화산업의 적극 참여를 통해 국가의 격을 높이겠다는 생각도 있었기 때문입니다. 아직 한국이 완전히 선진국 대열에 들지 못해 국제무대에서 인정받지 못하는 일이 많았거든요. 그런 현실을 개선하고 싶었던 겁니다."

사회공헌에 지출이 많은 게 회사에 부담이 되지 않았나요. 사원과 주주들 입장에서는 불만이 있을 수도 있겠습니다.

"삼성이 잘나갈 때니까 직원과 주주들은 이미 충분히 보상을 받고 있었고요, 이건희 회장은 번 만큼 사회에 환원해야 한다고 생각한 겁니다. 또 기업이 사회복지사업과 문화예술에 큰돈을 지원하기 시작한 건 삼성이 처음이었거든요. 이건희 회장은 '삼성이 해야 다른 기업들도 따라오고, 삼성이 기준이 된다'며 도움을 필요로 하는 모든 분야에 지원을 아끼지 말라고 했습니다. 재벌은 기업이 아니라 공익법인이라는 게 이 회장의 생각이었습니다. '기업은 국민에게 사랑받아야 한다'는 대명제가 분명히 자리 잡고 있었습니다."

이순동 전 사장은 "이건희 회장은 단순한 기업인이나 경제인이 아니라 대한민국 사회 전반에 큰 변화를 가져온 인물"이라며 "국가의 기반과 경제를 튼튼히 하기 위해, 자유시장경제 수호를 위해 본인의 인생을 다 바친 분"이라고 했다.

"솔직히 이건희라는 인물이 없었다면 지금의 대한민국이 있을 수 있겠습니까. 미국의 애플과 첨단 스마트폰 시장을 양분하는 국내 기업을 상상할 수 있었을까요. 문화 강국으로 인정받고 있고, IT 수준은 세계 최고 아닙니까. 전설적인 혁신가이며 보국(保國)의 위인인 이 회장이 제대로 평가받지 못하고 빠르게 잊히는 것 같아 안타까울 뿐입니다."

Part 4

국가와 사회를 생각하다

이건희는 기업인이나 경영인이라는 굴레에서 일찌감치 벗어나 있었다. 그의 관심과 책임감은, 삼성은 물론 사회와 민족, 국가까지 범위가 넓었다. 그에게 기업과 사회, 국가는 별개가 아닌 하나의 존재였다. 이건희는 삼성이 세계 초일류기업이 돼야 대한민국이 일류국가가 될 수 있다고 믿었고, 삼성이 대한민국을 위해 공헌해야 한다고 믿었다.

이건희는 대화와 연설에서 삼성을 언급하는 것과 비슷한 빈도로 대한민국을 언급한다. 그는 "나라가 못살면 국민이 대우를 못 받는다"며 나라 발전을 위해 앞장서겠다는 우국충정(憂國衷情)의 뜻을 여러 차례 표현했다. 삼성이 잘나가고 이건희가 잘살아도 대한민국이 못살면 자신도 세계시장에서 대접받지 못한다는 취지였다. 이건희는 대한민국 정부가 국민이 잘사는 길을 열어주기를 진심으로 바랐고, 때로는 자신의 애국심을 순수하게 받아들여주지 않는 정부에 섭섭함을 표현하기도 했다.

삼성이 신경영 후 어느 정도 궤도에 올라서면서 이건희는

각 분야의 사회공헌에 관심을 기울이고 앞장서기 시작한다.

이건희의 삼성이 지금의 ESG(Environment, Social,

Governance : 기업활동의 친환경, 사회적책임, 지배구조

개선 등 비경영 요소)의 기반을 국내 최초로 닦았다고 할 수

있을 정도로 사회 전반적인 분야에 대해 관심을 갖고 지원했다.

이건희는 삼성에 도움을 요청하는 협회, 시민단체, 언론, 출판계,

예술가, 운동선수들까지 "삼성이 안 도우면 누가 돕겠느냐"며

모두 지원하라고 했다.

우리 사회의 문화도 다양한 분야에서 삼성이 바꿨다.

대표적으로는 이전에 대부분 집에서 치르던 장례식을 병원에서

치르도록 한 것, 특급호텔에서 팁을 없앤 것 등이 있다. 이건희가

삼성의료원과 신라호텔에 직접 지시해 바뀐 것이다. 이건희는

"우리나라에 없는 사례를 만들어라. 우리가 잘되면 경쟁사들도

다 따라오게 돼 있다"고 임직원들을 독려했다.

2010년 6월 이건희 삼성전자 회장 내외가 호암상 시상식에 참석해
수상자들과 기념사진을 찍고있다.
ⓒ 월간조선DB

회사는 임직원 의식주 건강 자녀교육을 회사의 영역으로 갖고 와야

"회사는 임직원 의식주, 건강, 자식교육 이런 걸 회사의 영역으로 갖고 와야 돼. 월급쟁이가 제일 불안한 게 뭐냐. 자기의 건강, 처자식의 건강, 자식의 장래, 교육. 또 은퇴한 후 노후에 사치하지 않아도 여생을 잘 보낼 수 있는 거. 이게 다야. 내가 늘 얘기하는 질 경영에는 처우를 질적으로 잘 해줘야 된다는 것도 들어가. 지금 월급 많이 받고 물리적으로 잘살아봤자 몇 년 가겠어. 희망이 있어야 되고 자식이 잘 자라줘야 되고 부모가 편안해야 되지. 지금 삼성에 다니면 큰집이냐 작은집이냐가 문제지 집은 다 있지. 교육 노후 이런 건 개인의 기준에 따라 다르겠지만. 앞으로는 2류기업이든 3류기업이든 의식주는 되고 집도 다 가질 수 있어. 다만 생활의 질, 자기 자신의 보람, 건강한 노년을 맞는 것하고 그렇지 못한 것하고 차이가 있잖아. 회사가 노력을 해야 한다고. 특히 가족 돌봐

주는 거. 노인과 아이들을 중요시하지 않는 나라는 망하게 돼 있어. 젊은 사람들이 전부 도망가버린다고. 내가 사업이나 공장을 할 때마다 노인정, 탁아소 만들라는 게 그 얘기야."

-

이건희는 임직원들의 인생을 책임져야 한다는 생각을 갖고 있었다. 1980년대까지만 해도 회사가 임직원의 삶 전반을 보살피는, 이른바 사내복지의 개념은 거의 없다시피 했다. 그러나 이건희는 임직원의 만족도와 행복도가 일의 능률에 영향을 미친다고 생각했다. 그래서 사람을 신중하게 뽑되 뽑은 사람은 의식주는 물론 자녀와 부모, 노후까지 어느 정도 책임진다는 복지 원칙을 세웠다. 삼성에 들어온 사람이 의식주 걱정을 하거나 그런 이유로 배신을 하는 일이 생겨서는 안 된다는 생각이었다.

삼성 임원은 애사심은 물론
국가와 사회에 책임감을 가져야

"변화하지 않으려는 건 사실 사람의 본성이기도 해. 하지만 1980~1990년대의 변화는 과거 몇십 년의 변화와는 차원이 달라. 과거 20년간, 1970년부터 1990년까지 삼성그룹이 1,000배 컸다고. 과거 1960년대 1970년대 경영자라는 건 도장 찍고 섭외 좀 하고 부하들 잘하라고 격려해 주면 통하던 시대지만 앞으로는 그러면 안 돼. 경쟁자들이 앞서 가버리면 안 뛰는 사람은 주저앉을 수밖에 없고 몇 년 내에 사라지게 된다고. 특히 우루과이라운드 시대에 강대국들하고 경쟁해야 되는 사람들이야. 여러분은 지도자로서 책임감을 가져. 애사심은 물론 국가와 사회도 좀 생각하고. 독재정권, 군사정권에서는 힘이 한 곳에 몰려 있고 거기만 공략하면 일하기도 쉬웠지만 지금은 권력이 계속 평준화되고 있어. 전 세계적으로 마찬가지고. 대충 넘어가고 잘해보자 하는 게 안 통하는 시대야. 그래서는 세계 경쟁에서 살아남을 수 없어. 사회에서 나랑 삼성을 보는 눈이 달라졌어. 외부의 관심과 기대도 커졌고 부담도 커졌고. 내 말이 선대 회장보다도 더 강해져버렸지. 삼성의 임원이라면 국가적, 사회적 책임을 가져야 한다고 생각해. 내가 말하는 대로 따라오면 돼. 나는 늘 사람 키워라, 기술 중요시해라 강조하고 있어. 기술이 없으면 기술을 사 오든지 기술자나 고문을 데려오면 되는 거고. 그런데 이런 내 말을 한마디도 안 듣는 회사들은 대형 적자를 내고 사고를 낸다고."

-

삼성이 처음부터 국내에서 재계 1위인 것은 아니었다. 그러나 1993년 이건희가 신경영을 선언하면서 언론과 국민의 관심은 삼성에 쏠렸고, 이건희의 영향력은 선친 이병철 회장을 능가하기 시작했다. 삼성그룹은 삼성전자뿐만 아니라 모든 계열사들이 주목받기 시작했다. 권위주의에서 벗어나지 못하고 변화를 꺼렸던 임직원들은 지나친 세간의 관심을 부담스러워하기도 했다. 이건희는 모든 국민이 주목하는 이때야말로 삼성이 경쟁력을 갖춘 세계적인 기업이 될 기회라며 "삼성의 임원이라면 국가와 사회에 책임감을 가져라"고 당부했다.

3대가 먹고살기 충분한 내가 왜 맨날 고민을 해?
우리나라 민족 삼성의 미래를 위한 거지

"삼성 회장이 뭐가 답답해서 변해야 된다고 하겠느냐고. 3대가 먹고살 게 있는데 왜 이렇게 밤새 고함을 지르고 있겠어. 우리나라의, 민족의, 삼성의 미래를 위해서 이러는 거야. 내 재산 5%, 10% 느는 게 무슨 상관있냐고. 죽을 때까지 1,000억, 2,000억 원 못 쓴다고. 보석 사고, 차 사고? 그건 돈이 이동하는 거지 쓰는 게 아니잖아. 재산 5,000억이 1조 되는 게 무슨 뜻이 있겠어. 재산이 1억에서 2억 되는 건 큰 차이가 있겠지만 1조에서 2조 되는 건 뜻이 없어."

-

이건희는 정부의 대기업 규제에 대해 이해할 수 없다는 입장과 불만을 자주 보였다. 베이징 발언(정치 4류, 관료 3류, 기업 2류)도 이런 생각에서 나온 것이다. 이건희는 정부가 대기업에 대해 사업을 무작정 확장하는 '문어발'로 인식하는 점을 매우 못마땅해했다. 삼성을 키워 대한민국의 수준과 위상을 높이려는데 정부가 수많은 규제로 일을 하지 못하게 한다는 불만도 자주 털어놓았다. 특히 "내가 돈 벌려고, 내 재산 불리려고 사업을 하겠느냐"는 불평을 여러 차례 하기도 했다. 실제로 이건희는 여느 재벌들과 달리 자신의 의식주에 대한 사치, 즉 패션과 미식 등에 큰 관심이 없었다고 한다.

40~50대가 변하느냐 잘하느냐에 따라서
일류국가냐 이류국가냐 판가름난다

"지금 40~50대 초반은 희생의 세대야. 어릴 때는 생선 꼬랑지 먹고 자라고. 취업해 보니 자식한테 돈은 다 가고. 1960년대까지는 굶어 죽는 사람 있었잖아. 굶어 죽어도 내 자식은 대학 보낸다는 부성애, 모성애 이런 게 지금 나라 만든 거지. 40대는 아직 머리가 굳어지지 않아서 변화할 가능성이 있어. 다만 지난 15년여간 양 위주로 일했던 습성은 빨리 버려야 돼. 지금부터는 과거의 양 위주 경영은 무시해 버리고 질과 이익을 봐야 한다고. 지금 우리나이, 40~50대가 변하느냐, 얼마나 잘하느냐에 따라 우리나라가 일류국가냐 이류국가냐가 판가름 나는 거야. 1950~1970년대에서 조금 늦는 거하고 1990~2000년에 조금 늦는 건 차원이 달라. 지금 늦으면 완전히 기회상실을 하는 거라고. 이런 걸 알면서 내가 어떻게 가만히 있을 수 있나."

–

신경영 진행 당시 50대 초반이었던 이건희는 50대들이 광복 전후에 태어나 6·25와 4·19, 5·16 등을 겪으며 제대로 된 교육 및 혜택을 받지 못했다는 아쉬움을 늘 갖고 있었다. 그는 자신과 비슷한 연령대의 임원들의 공감을 이끌어내며 다독였다. 이건희가 회장에 취임하던 1987년만 해도 사장단과 임원 대부분이 그보다 나이가 많았지만 신경영 후에는 40~50대 임원들이 대거 탄생했다. 이건희는 "당신들이 우리나라를 살릴 수 있다"며 변화를 독려했다.

정부는 대기업이 땅 사면
나라 망하는 줄 알아

"인센티브 없이는 자본주의가 발전 안 해. 그런데 대한민국은 전부 규제라고. 상벌 중 상인 인센티브는 없고 벌만 있어. 잘못하는 걸 벌만 주니 다들 위축되고 할 일을 안 하잖아. 그나마 정부가 가만히 내버려둔 게 반도체와 조선업인데 이 두 가지가 대한민국 수출을 이끌고 있지. 전기 많이 쓴다고 누진세 내는 나라가 어딨어? 인프라 투자를 안 해 놓으니까 전기값이 비싼 거 아냐. 또 1가구에 자동차가 두 대면 세금을 더 내라고? 3대가 사는 집도 있고 혼자 사는 집도 있는데 그게 말이 되냐고. 게다가 정부는 대기업이 땅 사고 은행 가지면 나라 망하는 줄 알아. 부동산 투기하고 투자를 그렇게 구별 못 하나. 지금 소비자물가 왜 오르냐고. 공산품 출고가격은 안 올랐는데 물가만 오르는 건 유통과 임금 문제잖아. 인프라를 안 해 놓으니 물가만 오른다고. 유통은 곧 땅, 금융하고 바로 관계가 있다고. 기업이 땅 사서 인프라 투자하면 물가 그렇게 안 올라. 기업에 맡겨놓으면 잘될 걸 제일 부정 많은 정부가 다 가져가는 거 아냐. 국민들이 당장 월급 몇십 퍼센트 오를 걸 기대하겠어? 물가만 안 오르길 바란다고."

　　　-

이건희는 정부정책과 규제에 대한 불만이 많았고 대기업 규제에 적극적이었던 김영삼 정부에 대한 불만을 종종 토로하곤 했다. 그는 '인센티브', 즉 성과를 인정하고 상을 주는 문화가 자본주의를 발전시킨다고 믿었고 삼성에 성과주의를 도입했다. 그러나 정부는 대기업을 규제하기 바빴고, 이건희는 교육, 복합공간 등 다양한 분야에 진출하려 했지만 각종 규제로 상당 부분이 실패로 돌아갔다. 그는 "우리 땅에 우리 걸 짓겠다는데 규제를 왜 하느냐"며 울분을 토하기도 했다.

나라가 못살면
국민이 밖에서 인간행세를 못 해

"나는 어려서부터 외국에 다니면서 경험을 많이 했어. 일본에서 소학교 다닐 때는 조센징이라는 소리 들으면서 고약한 설움을 당했지. 1960년대 말 미국에 갔었는데, 행사 끝나고 불우이웃돕기 같은 기금을 모집하더라고. 근데 거기서 한국 아이 사진이 나오는 거야. 한국의 김○○양이래. 지금 우리가 방글라데시 아이들 보는 그런 분위기로. 참 약소국가라는 게 서럽더라고. 그후에도 선대 회장 따라 외국 출장을 가보면, 우리는 회장이 가는데 저쪽에선 상무급 아니면 평이사가 나와. 그나마 삼성이 가서 그 정도지 한국 다른 기업 회장이 가면 평이사가 나오는 거야. 1980년대 들어가서 좀 나아진 거지. 나라가 못살면 국민이 밖에서 인간 행세를 못해. 내 회사가 잘되고 대우받으려면 우리나라가 발전해야 된다는 거, 이게 내 기본 의식이야."

-

이건희는 대한민국을 위해 삼성이 왜 앞장서서 변해야 하는지 여러 차례 이야기를 한다. 나라가 발전해야 국민도, 기업도 대우를 받을 수 있다는 것이었다. 자신의 과거에 대해 털어놓기도 했다. 자신은 이병철의 아들로 태어나 부족할 것 없이 자라고 외국에도 나갔지만, 외국에서 한국을 보는 눈은 후진국 그 자체였다는 것이다. 이건희는 대한민국이 경제 발전으로 어느 정도 궤도에 올라선 후에는 국격에 높은 관심을 가졌다. 승마, 애견 등에 관심을 갖고 지원한 것도 선진국 상류층의 취미인 만큼 한국인이 그 분야에서 주목받길 바랐기 때문이었다.

일하고 싶은 사람은
일하게 해줘야

"가난은 나라도 못 구한다는 말이 있어. 일은 하기 싫고 게으르고 놀고먹으려 하는 사람한테 밥 굶는다고 매달 10만 원이나 20만 원 줘 봐. 그 사람한테 독약을 주는 거야. 일하는 기회를 주는 게 돕는 거지. 근데 일을 열심히 하고 싶은데 일자리는 없고 기술도 없고 자식도 돌봐야 해서 나갈 수 없으면 어떡해야 돼? 그래서 탁아소를 만들어서 부부가 안심하고 같이 일하게 하면 한 달에 둘이 벌면 두 배로 벌 수 있잖아. 평생 달동네에서 탈출 못 할 형편이었더라도 삼성이 지은 탁아소에 5년만 맡겨 놓고 일하면 10~20평짜리라도 아파트를 사서 달동네에서 나갈 수 있어. 스스로 열심히 일해서 집 사서 나가는 걸 주변 사람들이 보면 희망이 생기잖아. 이걸 우리가 도와주고 보여주자는 거지."

이건희는 '월급쟁이가 잘살 수 있는' 사회를 바랐다. 삼성 임직원의 월급을 업계 최고 수준으로 올린 것도 "기업에 다니는 사람이 자신의 일을 자랑스러워해야 한다"고 생각해서였다. 사실 1970~1980년대 '회사원'은 고학력자들의 선호직업은 아니었다. 학벌이 좋은 사람들은 공무원이나 법조인이 되기 위해 시험을 준비하거나 언론사에 지망했다. 많은 소득을 원하는 사람들은 은행에 취업했고, 일반 기업은 후순위였다. 이런 현실에서 이건희는 '월급쟁이가 재산세 내는 세상'을 꿈꿨고, "삼성 다니면 아파트 한 채 정도는 살 수 있어야 한다"며 급여 수준을 올렸다.

그의 '월급쟁이'에 대한 관심은 삼성 임직원만을 대상으로 한 것은 아니었다. 누구든 일할 의지가 있는 사람이라면 월급을 받고 일할 수 있어야 한다고 생각했고, 착안한 것이 탁아소 건립이었다. 이건희는 대한민국이 잘살기 위해서는 국민 전체의 소득이 높아지는 것만 중요한 것이 아니라, 소득 하위층인 빈민층도 생계를 걱정하지 않을 만큼 끌어올려야 한다고 생각했다. 빈부격차가 심하고 빈민촌이 존재하는 나라는 성공할 수 없다고 믿었던 이건희는 "삼성이 만든 탁아소라면 부모가 아이를 믿고 맡길 수 있지 않겠느냐"며 전국 달동네에 탁아소 건립을 지시, 검토했다. 한때 부모들이 가장 선호했던 '삼성어린이집'의 시초다. 다만 정부와 보육업계에서 "삼성이 문어발식 확장으로 보육까지 점령하려 한다"는 따가운 시선을 보내면서 삼성의 어린이집 사업은 더 이상 확대되지 못했다.

아이들이 잘못되면
미래가 없다

"애들이 잘못되면 미래가 없다고. 삼성이 우리 사회에 어려운 사람들 살 수 있게는 해줘야 돼. 달동네에서 자라는 애들 방치되기가 쉽잖아. 거기 부모들은 하루하루 살기 위해서 일하러 나가고 애 혼자 남으면 학교도 제대로 못 가고 가정교육 못 받고 문제아가 될 가능성이 높지. 이게 우리 사회의 큰 위험이야. 그래서 탁아소를 달동네에 많이 지으라는 거야."

-

이건희는 여러 차례 '달동네'를 찾았고 수시로 "달동네 청소년 문제 해소할 방안을 마련하라"고도 당부한다. 해외 경제발전 사례들을 보며 빈민촌이 다수 존재하는 국가들일수록 방치되는 청소년 문제, 소년범죄 문제가 각종 사회문제 중에서도 매우 심각하다는 점을 깨달았기 때문이다. 이건희의 시도때도 없는 탁아소와 양로원 언급은 주변인들을 놀라게 할 정도였다. 매주 수요일 열리는 사장단 회의에서도 탁아소와 양로원을 언급해 사장단에서는 "바빠 죽겠는데 무슨…"이라는 불평이 나올 정도였다.

내 생일날 선물 대신
양로원, 탁아소에 기부해라

"각 사(社)가 내 생일에 기념선물 가져오잖아? 그거 가져오지 말고 그 날짜 맞춰서 주변 양로원, 탁아소 도와주라고 해. 날짜를 정하면 잊어버리지도 않고 좋잖아. 내가 왜 맨날 양로원 탁아소 강조하는지 알아? 노인도 아이도 가까이 살면 좋다고. 노인들이 소일거리 할 게 없는 건 문제야. 애들 봐주고 하면서 같이 공존하면 좋잖아. 탁아소랑 양로원 가까운 데 지어서 같이 운영하라고. 3대가 같이 살면서 애들이 할머니·할아버지 사랑받고 크면 파렴치범이 나오겠어? 고도성장기에 혼자 목걸이열쇠 걸고 다니는 애들, 부모나 할아버지·할머니 사랑 못 받고 자란 애들이 어떻게 되겠냐고. 부모는 일하러 갔을 때 할머니·할아버지가 보살펴주면 애들이 잘돼. 그런 면에서 정부가 잘못 생각하는 거야. 3대가 같이 살면 좋은 점이 많은데 혜택을 줘야지. 집 크다고 차 2대 있다고, 세금 많이 내라 하고 그러면 안 되는 거야."

-

빈민촌이 많을수록 청소년 문제가 심각해진다고 판단한 이건희는 달동네, 탁아소, 양로원에 대한 지원을 수차례 강조한다. 그는 방치되는 청소년 문제의 해결방안으로 '할아버지와 할머니'를 주목했다. 3대가 한 집에 살며 부모가 일을 하러 나가면 조부모가 아이들을 돌봐주는 구조가 가장 이상적이라는 생각이었다.

이건희의 생각은 추상적인 것에 그치지 않았고 제도적인 문제점을 지적했다. 3대가 같이 살려면 비교적 큰 집, 차 2대 이상이 필요한 경우가 많은데 1990년대의 제도는 이를 '사치'로 규정했다. 당시 전용면적 50평 이상의 아파트는 '호화주택'으로 분류돼 중과세 대상이었고, 한 세대에 자동차가 2대 이상 있어도 중과세 대상이었다. 이건희는 "사회문제 해결에 정부가 앞장서지는 못할망정 규제가 왜 이리 많은지 이해가 가지 않는다"고 토로했다.

사회 소외계층 돕는 데
이익의 10%를 써라

"요즘 교수에 경제학 박사라는 사람들이 기업이 이익을 내면 안 된다는 얘기를 한단 말이야. 이거는 망조야 망조. 나라 망할 소리지. 기업이 이익을 안 내고 어떻게 해? 이익을 철저하게 내서, 최대로 이익을 내고 종업원, 투자자 주주들에게 최대 이익을 주고 인류에 공헌하고, 그리고 남은 돈은 재분배해야 돼. 문화사업도 하고, 가난한 사람, 달동네를 도와주고. 사회 소외계층 돕는 데 이익의 10%를 써. 그리고 일반 서민들에게 도움을 주는 방법이 뭔지 계속 연구를 해. 경실련 같은 시민단체에 자문도 구하고. 삼성이 벌어들인 이익을 우리가 좀 더 가져간다고 이 나라가 나아지나? 벌어들인 만큼 사회에 베풀어야 되는 거야."

-

삼성은 이건희가 그룹 회장에 취임한 후 1989년 삼성복지재단을 설립해 어린이집을 짓고 소년소녀가장 돕기와 불우청소년 돕기 등 어린이·청소년 관련 사회공헌 사업을 해왔다. 이건희는 이에 그치지 않고 신경영을 진행하던 1995년부터는 "사회공헌 활동을 적극화해야 한다"며 구체적인 방안을 마련하라고 요구했다.

장례문화는 왜 어수선한가.
깨끗하고 엄숙하게 치르는 문화 만들어라

"장례식장 가봤어? 꽃이고 음식이고 바가지 씌우고. 주변의 거지들은 다 몰려들어서 어수선한 분위기 만들고. 슬픈 유족들 더 슬프게 만든다고. 삼성의료원이 그런 문화를 없애는 데 앞장서야 한다고. 장례식장이 깨끗하고 엄숙한 곳이라는 새로운 이미지를 삼성이 만드는 거야. 묘지도 그래. 삼성생명 직원들 해외 공원묘지 시찰하고 배워 오라고 해. 우리나라는 묘지 분위기가 무겁고 침울하잖아. 해외 공원묘지 보면 꽃도 수두룩하게 피어 있고 아이들이 와서 뛰어놀고 그렇지. 우리나라도 그렇게 만들어야 돼. 그걸 삼성이 해. 시찰하고 조사하고 추진해 봐."

이건희의 사회공헌 목적은 소외 이웃을 돕는 것은 물론, 후진적인 우리 사회 문화를 바꿔야 한다는 것이었다. 이같은 이건희의 생각은 삼성 각 계열사에 적용됐다. 호텔신라는 친절과 서비스 정신을, 삼성의료원은 환자에 대한 서비스를, 삼성건설은 근로자의 안전 최우선 정신을 강조하는 식이었다. 특히 삼성의료원은 이건희의 지시로 국내 장례식장 문화를 바꾼 것으로 평가받는다. "장례식장을 새롭게 단장하라"고 지시를 내린 지 2개월 만에 삼성의료원 장례식장을 찾은 이건희는 지시사항이 제대로 지켜지지 않는 데 대로하고 감사팀을 호출한다. "관리 책임자가 누구야? 꽃값하고 업체 단가 다 확인하고 처리해. 제대로 안 하면 잘린다는 걸 보여줘야 돼." 이후 삼성의료원 장례식장은 '줄을 서는' 장례식장으로 입소문이 났고, 대형 병원들이 삼성의료원 장례식장의 사례를 모방하면서 국내 장례식장 문화가 바뀌게 됐다.

중소기업 안정에 투자하고
연수원 지어줘라

"이익 중에 중소기업 기금 안정을 위해 쓰는 게 얼마나 되지? 지원방안을 마련해서 보고해. 중소기업 연수원은 우리가 지어주라고. 중소기업과 하위직급 직원들은 반드시 잘해줘야 되는 대상이야.

-

이건희는 대기업이 잘되기 위해서는 중소기업이 잘돼야 한다는 믿음을 갖고 있었다. 삼성은 그룹 연수원을 지은 팀을 동원해 하청업체 몇 곳의 연수원을 지어주기도 했다.

삼성이 자동차산업을 안 하면
기업인으로서 양심이 없는 것

"삼성이 자동차산업 하겠다는 건 이권이 아니야. 솔직히 어느 정도는 내가 좋아서 하는 거긴 해. 자동차에 취미가 있으니까. 아주 젊을 때부터 운전을 했고. 근데 70%는 우리나라 자동차산업을 위해서 하겠다는 거라고. 자동차산업은 전자업하고 달리 부품과 소재의 파급효과가 크잖아. 우리가 일본에서 꼭 사와야 되는 물건 중 90%가 기계야. 그게 자동차산업이 제대로 안 돼서 그런거야. 인구가 5,000만 넘는 나라 중에 자동차공업이 성하지 않은 나라가 어디 있어? 미국 일본 프랑스 독일 이태리 다 하는데. G7은 자동차 다 하잖아. 그 나라들 조선(造船)은 안 하고 전자도 절반은 다 내다 버렸거든. 일본 빼면 전자가 없잖아. 근데 자동차를 왜 안 내버리겠어. 인구가 5,000만 넘는 나라는 반도체와 자동차가 생명줄 중의 하나야. 미국 일본 독일 프랑스 다 자동차는 양보 안 한다고. 스위스나 홍콩처럼 인구는 적고 소득이 몇만 달러 넘어가면 자동차산업은 필요 없겠지만. 우리나라는 자동차, 철강, 기계공업 이게 꼭 필요해. 근데 우리나라 자동차가 다른 나라에서 얼마나 팔리냔 말이야. 미국만 봐도 우리 전자는 시장점유율이 높은데 자동차는 훨씬 못미치지. 우리 자동차회사들이 다 국내에서만 장사하고 해외 적자를 국내에서 메꾸는 거잖아. 우리나라에서 수출 흑자 내는 건 반도체랑 철강밖에 더 있나? 이래서야 어떻게 산업이 발전하겠냐고. 대통령은 경제를 생각해야 되고, 장관은 산업을 생각해야 되는 거야.

한국에 한 가지 사업에 기업이 꼭 한두 개만 있어야 할 필요가 뭐야. 한국에 다 모여서 경쟁하면 되지. 한국에 조선사가 다섯 개 아냐. 구라파(유럽)하고 미국은 하나도 없잖아. 다 이리(우리나라) 오고 있고. 우리가 (자동차를) 하고 싶어서가 아냐. 실제로 하고 싶지 않다고. 나는 체면 때문에, 오기 때문에 하는 거야. 그 체면도 외국회사와 계약한 것도 있고 등등 국제적인 체면이지 국내 체면 때문도 아냐.

그리고 기업가의 양심으로 봐. 재벌이 자동차 전자 중화학 공업 조선 기계 로봇 이런 걸 해야 다 파급효과가 생기는 거 아냐. 그걸 알면서 우리가 (자동차를) 안 한다는 건 기업가로서의 양심, 나아가 인간으로서의 양심이 없는 거야. 나중에 내가 나 자신을 역적이라고 탓할 거라고. 그게 싫어서 내가 이러는 거야. 지금 우리 산업 구조가 전부 일본식이고 지금도 일본을 99% 따라가고 있단 말이야. 이걸 내가 알고 모른 척 할 수 없잖아. 그래서 자동차를 하려고 하는 거야.”

-

삼성이 자동차산업에 뛰어든 이유에 대해 업계의 분석은 크게 두 가지로 "삼성이 모든 분야에 진출해 모든 이권을 갖고 독점적인 1위 그룹이 되려 한다"는 것과 "이건희가 젊을 때부터 자동차를 매우 좋아해 집착이 있다"는 것이었다. 그러나 이건희는 "자동차산업은 대한민국을 위한 것"이라는 신념이 있었다.

이건희와 신임 임원들의
Q&A

이건희는 매년 1월 신임 삼성 임원들 앞에서 특강을 갖고 질의응답시간도 가졌다. 가장 열기를 띤 시점은 신경영 후 첫 인사 대상자들이 참석한 1994년 1월 신임 임원 대상 특강이었다. 이건희는 약 한 시간의 특강을 한 후 임원들의 질문을 받고 대답했다. 당시 육성 녹음 테이프를 통해 나타난 이건희와 신임 임원들의 질의응답 내용이다.

Q : 자기 자신이 변해야 되고 자신이 새로운 실력을 쌓기 위해 노력했습니다만, 생각했던 것처럼 되지 않고 잘못된 습관과 행동의 연속이 아닐까 싶습니다. 변하기 위해서는 어떻게 해야 합니까.

A : 내가 1973년부터 삼성에서 질 경영을 얘기해 왔는데 다들 듣지 않더라. 1987년 회장이 되고 나서도 듣지 않았어. 그만큼 사람들이란 게 바뀌기 싫은 거지. 나쁘다는 게 아니라 동물의 본능이야. 이렇게 말하는 나도 안 변해. 아침에 10분 일찍 일어나려 해도 5분만 더 자자고 투쟁을 하게 되거든. 조금 다른 얘기지만 7-4제를 우리가 왜 해? 정해진 시간

안에 일을 끝내는 습관을 들이자는 거야. 물론 단시간에 안 돼. 하지만 습관을 들이면 장기적으로 가능해지고 경쟁력을 상향시킬 수 있어.

Q : 신경영 선언 후 정부에서 인프라 투자 규제를 완화하고, 최근 엔 여당이 삼성 신경영을 배우러 오기도 했습니다. 작년 신경영 에 이어 금년에는 국가경쟁력 회복을 위해 어떤 구상을 갖고 계 십니까.

A : 다들 국가경쟁력이 구체적으로 뭔지를 잘 몰라. 국가경쟁력 은 하드가 있고 소프트가 있는데, 하드는 일반적으로 얘기하는 인프라 지. 항만 도로 비행장 이런 것들. 21세기 산업 경쟁력은 속도야. 물건 만 드는 건 웬만하면 다 비슷하게 만들 수 있는데 얼마나 이동을 정확하고 빨리 하느냐가 관건이거든. 경제가 발전할수록 부품과 원자재가 국제적 으로 이동하기 때문에 인프라가 뒷받침해줘야 경쟁력이 올라갈 수 있 어. 독일식으로 도시마다 국제공항 만들고, 회의도 짧게 하고 빨리 이동 하고 하는 구조를 만들어야 돼. 우리나라도 인천에서 수도권 배로 연결 하고 그 주변은 관광자원 만들고 이런 식으로 경쟁력을 올릴 수 있지. 소 프트는 사람들을 교육하는 거야. 지금 미국은 전국에 촘촘하게 하이웨 이를 뚫어놓고 통신망까지, 곧 세계 어디에서도 전화가 될 수 있도록 하 고 있다고. 그런데 우리 정부는 5대그룹 눌러놓을 생각만 하고 21세기 생각은 안 해. 이건 권위의식이 아니라 기업의 생존권을 침해하는 거야. 일단 우리가 바뀌어야 돼. 인사 제대로 하고 조직 흐트리는 인간들 다 잡 아내고.

Q : 국민의 신뢰와 협조, 사랑을 받는 국민기업이 돼야 한다고 강조하셨는데, 국민을 대상으로 그룹의 향후 계획을 홍보할 때 좋은 방법은 무엇입니까.

A : 내가 몇 년 전부터 그룹 전 간부의 홍보요원화라는 말을 해왔어. 이 말이 무슨 말이냐면, 자기가 속해 있는 업종의 역사적 배경과 현실, 미래를 분명히 알아야 한다는 거야. 예를 들어 남들이 섬유업종이 사양산업이라고 하면 섬유라는 게 1달러짜리 와이셔츠인줄 아느냐며 어느 정도의 첨단산업인지를 설명할 줄 알아야 해. 남들이 용인자연농원(현 에버랜드)이 애들 코묻은 돈 뺏는 장사라고 하면 그게 아니고 사용하지 않는 국토를 개발해서 통일을 하지 않고도 국토를 늘리는 사명을 갖고 시작한 사업이라는 정도는 설명할 수 있어야지.

Q : 변화의 불씨가 돼서 21세기 초일류기업에 걸맞은 최고경영자가 되고 싶습니다. 지금부터 준비하고 갖춰야 할 덕목은 무엇이 있습니까.

A : 앞으로 경쟁이 더 치열해져. 지금 한국의 특성이 30대 이하 인구가 훨씬 많아. 경영자가 되면 30대 이하의 젊은 사람들을 다뤄야 하기 때문에 젊은 사람, 신인류를 많이 연구해야 돼. 게다가 한국 민족의 특이성이 뭐냐면 세대별로 특징이 달라. 70대는 일제 때 태어나고 교육받아서 일제 천황한테 절 한 사람이거든. 60대는 박쥐라고 할 수 있지. 소학교 중학교 때까지는 천황한테 절하고 고등학교 때부터는 각목 들고 싸운 게 60대야. 50대는 초반은 일제는 안 거치고 6·25만 거쳤고. 40대도. 우리나라는 70대에서 10대까지 다양한 과거와 배경을 갖고 있거든.

1950년대까지는 굶어죽는 사람들이 있는데 요즘은 다들 다이어트하고 살 어떻게 빼느냐가 고민이거든. 30여 년 사이에 이렇게 많이 변했어. 많이 변했다는 건 한국의 핸디캡이지. 그러니까 옛날식으로 소위 직책, 직위를 갖고 내가 사장이다 전무다 하고 으름장을 쳐봤자 안 따라온다는 거야. 앞으로 21세기에 살아남을 업종이라는 게 창조성, 개성이 강하게 들어간 업종만 살아남아. 젊은 사람들의 발상 아이디어를 활용하지 않으면 안 되거든. 이 사람들을 진심으로 신바람나게 움직이게 해야 돼.

원래 경영자라는 게 1950년대 경영자는 알면 됐어. 1960년대에는 조금 알면 됐고. 1970년대는 할 줄 아는 흉내만 내면 돼. 앞으로는 알아야 되고 할 줄 알아야 되고 철저히 가르칠 줄 알아야 되고 지도해야 되고 평가해야 돼. 다 한다면 슈퍼맨이지, 될 수가 없지. 자기의 강점을 더 강화해 나가면서 전체를 상향평준화해 나가는 데 더 신경을 많이 써야 돼. 더 철저해지고, 더 섬세해지고, 더 광범위해져야 하는 것이 21세기야.

Q : 저희 세대에 가장 큰 걱정거리는 자녀교육문제입니다. 회장께서 생각하시는 자녀교육철학을 알고 싶습니다.

A : 사실 자녀보다 당신들이 더 심각하지. 그 다음에 자녀교육이야. 자녀교육은 대한민국 행정의 경직성 때문에 어려워. 우리가 일원동에 병원을 짓고 있는데 대학원 하나 만들려 해도 규제 땜에 안 돼. 천재가 암기 잘하는 천재만 있는 게 아니고 스포츠에도 천재가 있고, 운전도 동물훈련도 천재가 있을 거고 과학자도 있을 거고. 이런 당연한 교육을 하기 위해 사람을 키우는 게 장려가 돼야 하는데. 특히 대기업이 앞으

로 인재발굴을 위해 초중고, 대학은 몰라도 대학원 정도는 마음대로 설치할 수 있어야 되는데 문교부 행정이 꽉 막혀 있어. 아무리 계획을 갖고 하고 싶어도 문교부, 학자 집단, 건설부 등등 무슨 대학이라면 데모만 하는 줄 알고 도시 주변에는 허가를 안 해준다고 해. 의과대학조차도 허가가 안 나. 그러니 여러분들이 이 규제를 철폐하는 데 관심을 가져야 돼. 관리들이 얼마든지 장난을 칠 수 있기 때문에 규제를 철폐하는 데 뜻을 가져줘. 여러분뿐만 아니라 국민 전체가 해결해야 될 문제야.

지금까지 질문과 대답을 했는데, 제일 중요한 건 자기자신의 의지력이야. 약속해 놓고 어기는 건 인간이라면 있을 수 있어. 그렇지만 열 번 해서 안 되면 열한 번 하고, 안 되면 백 번 하고, 끈질기게 쉬운 것부터 간단한 것부터 하는 거야. 회사 일도 과거 10시간 하던 거 7~8시간 내에 하고, 나머지는 회사 안에서 서로 정보교환하고 집에 가서도 가족들과 회의도 좀 가져보고 하라는 거야. 민주주의와 자본주의의 본질을 스스로 깨치고 자녀들에게도 철저히 가르쳐놔야 이 나라가 성공한다고. 삼성 개혁을 하려면 나라가 잘돼야 하고, 나라가 개혁하려면 기업이 잘돼야 하는 거야. 누가 먼저냐가 중요한 게 아냐. 앞으로 개혁을 제대로 하려면 정부와 기업과 국민이 삼위일체로 해야 다 살아.

당신들이 어떻게 뭘 바꿔야 하느냐는 계속 공부를 하고 동창회든 집안모임이든 그런 화제를 가져보라고. 나는 자면서도 생각을 하고 음악 들으면서도, 얘기할 때도 항상 생각을 해. 내가 잘났다는 게 아니라 한 가지 아는 거라도 두 번 세 번 얘기하고 또 파헤쳐보고 하면 달라져. 영화도 한 번이 아니고 열 번 보면 다르잖아. 여러분이 잘 모르는 게 있다 싶으면 그 분야를 외워버리라고. 선배들에게 단점이 있다면 자신은 하지 말고 선배에게 충고를 하든 당신들이 뭉쳐서 단합해도 좋아. 나쁜 짓은 깨우쳐줘야 돼. 요새처럼 변화하는 세상에선 팔십 노인도 세 살한테 배울 게 있고 기상천외한 학문이 나오는 사회야. 오늘은 교육이라 듣는 시간이었지만 앞으로 들은 걸 평가도 하고 서로 토론도 하고 의견도 내 보고. 이러는 게 앞으로의 경영활동이야.

다시 보는 인터뷰

신경영 시작 7년 후의 이건희

〈월간조선〉은 2000년 7월호에 이건희 서면인터뷰를 실었다.
2000년 당시의 이건희 회장.

이 책은 신경영 추진 시작 시점에서 이건희의 심경을 담고 있다. 그렇다면 신경영이 어느 정도 자리잡은 후 이건희의 심경도 들어볼 필요가 있을 듯하다. 신경영 추진 7년이 지난 2000년, 〈월간조선〉은 7월호에서 이건희 회장을 인터뷰해 보도했다. 서면 인터뷰이지만 당시 삼성의 현황과 방향이 잘 정리돼 있다.

대기업病과 무사안일주의가
가장 힘들었다

회장직 취임 13년이 지났는데, 감회는 어떻습니까.

"회장 취임 이후 지난날을 돌이켜 보면 피 말리는 결단의 순간도 많았고, 며칠 밤을 새우고 고민도 하면서 나름대로 최선을 다해 왔다고 하겠습니다. 남들은 그동안 삼성이 사업내용도 알차졌고 외형이나 이익에서 많이 좋아졌다고 하면서 수성(守成)에 성공했다고 하지만, 저로서는 아직 만족할 만한 수준이 아니라고 봅니다. 앞으로 몇 년간 질적(質的)으로 더 발전하고 세계 1등의 경쟁력을 갖추는 데 많은 힘을 쏟아야 할 것입니다."

**1993년 신경영을 출범시켰는데, 당시 경제위기도 아닌데
왜 위기의식을 가졌습니까.**

"당시 삼성은 20년 동안 1,000배로 성장하는 과정에서 알게 모르게 양(量) 위주의 성장 관행이 조직 구석구석에 팽배해 있었습니다. 이대로 가다가는 삼성은 물론이고 우리 사회 전체가 2류, 3류로 떨어질 수밖에 없다는 생각이 들었습니다. 그래서 빨리 질 위주로 변화하여 세계화와 정보화의 새로운 변화 흐름에 대응하지 않으면 큰일나겠다는 절박한 심정에서 위기의식을 가졌던 것입니다. 저는 변화의 어려움을 마치 오른손잡이가 오른손을 묶어 놓고 왼손으로만 활동하는 것과 같다고 비유합니다만, 대부분의 사람들이 변화를 귀찮아하고 두려워합니다. 그래서 저는 변화의 방법으로 '나부터, 쉬운 것부터, 윗사람부터'라고 얘기했습니다."

신경영 추진 시 가장 큰 걸림돌은 무엇이었나요.

"50년 이상 국내 정상의 위치를 누려오면서 굳어진 대기업병(病)과 변화를 피해가려는 무사안일주의를 없애는 것이 가장 힘든 일이었습니다. 개혁을 할 때 가장 어려운 것이 내부 문제라고 얘기합니다만, 신경영도 마찬가지였습니다. 대부분의 사람들은 이제까지 자신의 경험과 지식에 익숙해 있기 때문에 새로운 변화는 대개 싫어하기 마련입니다. 신경영 초기에는 이러한 고정관념을 깨는 것이 가장 어려웠던 걸림돌이었습니다. 헌집을 고치기보다 새 집을 짓는 게 훨씬 쉽다는 것을 실감했다고나 할까요. 그 다음으로는 변화에 대해 총론은 좋다고 해놓고서 각론에 들어가서는 반대를 일삼는 조직 이기주의를 극복하는 데 힘

이 많이 들었습니다. 그리고 우리 사회 전체의 인프라나 시스템이 과거 개발시대의 양적 성장 잔재가 많이 남아, 아직 질 중심의 변화를 적극 수용할 만큼 성숙되지 않았던 점도 어려웠던 점으로 들 수 있겠습니다."

걸림돌들을 어떻게 극복했습니까.

"임직원들을 변화의 한 방향으로 이끌고 가기 위해서는 무엇보다도 윗사람의 솔선수범이 중요하다고 봅니다. 나부터 변해야 한다는 취지로 직접 나서서 임직원들에게 교육도 시키고 현장에서 변화를 솔선하기도 했습니다. 또한 고정개념을 바꾸기 위해서는 발상을 180도 전환하여 시스템을 바꾸는 것도 필요하다고 생각합니다. 파격적인 인센티브를 주는 '삼성인 상'이나 7-4제(오전 7시 출근~오후 4시 퇴근)도 이런 취지에서 도입했다고 할 수 있습니다."

IMF 금융위기가 닥치기 전부터 일부에서 위기론을
제기했습니다. 이 경고에 대해 어떻게 생각했습니까.

"IMF 금융위기가 있기 전부터 우리 경제에는 여러 적(赤)신호들이 있었습니다. 또 많은 사람들이 그 경고를 알고 있었다고 생각합니다. 문제는 행동하지 않았다는 것이죠. 사실 이 위기는 1995년부터 본격화되었다고 봐도 됩니다. 그 당시 우리 경제는 엔고(高) 호황의 반짝 경기 때문에 그 실상이 제대로 드러나지 않았을 뿐이지, 수년 전부터 심각한 구조적인 문제를 안고 있었다고 봅니다. 이 시기에 구조조정을 했어야 했는데 오히려 몸집을 불리고 거품을 걷어내지 못해 결국 경제난국을 초래했다고 생각합니다. 제가 1995년 베이징에서 '기업은 2류, 행정은 3

류, 정치는 4류'라고 말했던 것도 미구(未久)에 닥칠 이러한 위기에 미리 준비하자는 뜻이었는데, 귀담아 듣는 사람들이 많지 않아 호기를 모두 놓친 것이 지금 생각해도 아쉽기만 합니다."

삼성그룹의 자동차 사업은 결국 매각으로 결론이 났는데요. 매각에 대해 후회는 없습니까.

"사업하는 사람, 특히 삼성 같은 대그룹을 경영하는 사람은 개인이나 그룹보다 국가적인 차원에서 생각을 하게 됩니다. 자동차 사업의 사업전망이 불투명함에도 불구하고 결과적으로 삼성이 자동차 사업에 뛰어든 것은 자동차 사업이 21세기에 국가적으로 꼭 필요한 사업이고 누군가는 해야 될 사업이라고 생각했기 때문이었습니다. IMF 사태로 인해 자동차 시장이 얼어붙고 투자자금 마련이 여의치 않은 상황에서 자동차 사업을 매각할 수밖에 없었습니다만 그룹 전체의 구조조정 차원에서는 불가피한 결단이었다고 생각하고 있으며, 자동차 사업에 대한 미련이나 후회는 전혀 없습니다."

반도체는 우리 민족 특성에
딱 맞는 사업

삼성그룹이 반도체 사업을 시작한 것은 1974년에 파산한 한국반
도체라는 회사를 그해 12월에 인수하면서입니다. 당시 주위의 반
대에도 불구하고 사재(私財)를 털어 인수했는데, 인수를 결심한
이유는 무엇입니까.

"1973년에 오일쇼크가 있었고 그때 큰 충격을 받았습니다. 자원
이 없는 우리 현실에서 선진국들과 경쟁하려면 머리를 쓸 수밖에 없음
을 절실히 느꼈습니다. 두뇌를 이용한 첨단기술을 개발해서 부가가치가
높은 하이테크 산업에 진출해야 한다는 생각을 한 거죠. 그래서 미국, 일
본에도 가보고 많은 사람들을 만났습니다. 그래서 힌트를 받은 것이 앞
으로 반드시 컴퓨터를 활용하는 정보화 시대가 올 것이란 점이었습니
다. 당시 선진국에서는 이미 그런 조짐이 보이고 있었습니다. 그러자면
반도체가 대규모로 필요할 것이고, 반도체 사업이 미국과 일본의 선진
업체보다 10년 이상 뒤지기는 했지만 우리 민족의 특성에 딱 맞는 사업
이라서 충분히 따라잡을 수 있다고 생각했습니다."

반도체 사업의 성패는 첨단기술 확보에 달려 있습니다.
이 첨단기술을 삼성은 어떤 방식으로 확보했나요.

"반도체를 시작할 때만 해도 국내에는 기업, 연구소, 학계 어디에
도 전문가가 없었습니다. 미국이나 일본에서 들여와야 되는데 두 나라
모두 첨단기술 보호 차원에서 기술이전을 회피했습니다. 오죽하면 미일

(美日)간에 반도체 스파이 전쟁까지 있었겠어요. 결국 제가 시작한 일이니 제가 책임을 져야 했지요. 초기에는 제가 직접 일본, 미국에 가서 반도체 기술자를 만나고, 그 사람들을 설득해서 우리 기술진에게 기술을 전수하는 '기술 보따리 장사'를 했습니다. 그리고 미국 실리콘밸리에 가서는 전문가들을, 당시 삼성전자 사장 월급의 네 배, 다섯 배를 주고 뽑아오기도 했고요. 기술개발할 때에는 미국 현지에 연구소를 세우고 한국에 있는 연구진들과 같이 시작해서 경쟁을 시키기도 했습니다. 여기서 중요한 것이 반도체를 개발할 때에는 결단이 필요하다는 점입니다. 4메가 디램을 개발할 때 밑으로 파는 트렌치(trench) 방식과 위로 쌓아 올리는 스택(stack) 방식이 있었는데, 어느 쪽이 더 좋은지 결론이 나지 않아 선진 업체들은 계속 논쟁만 하고 있었어요. 그때 우리는 스택으로 결정했습니다. 이것이 메모리 분야에서 삼성이 세계 1위가 되는 결정적인 계기가 됐습니다."

기업인은 30년 앞을 내다보고 일을 구상해야 한다는 게 회장님의 지론입니다. 30년 후 삼성그룹의 모습을 그려 주십시오.

"지금은 환경이 너무도 급하게 바뀌는 때이고 기업의 수명은 30년이라고들 하는데 앞을 내다본다는 것이 대단히 어려운 문제입니다만, 사업구조나 경영구조에서 지금 삼성그룹의 모습은 많이 바뀔 것으로 생각하고 있습니다. 제가 무리한 욕심을 낸다고 할지는 모르겠습니다만, 삼성은 전자, 금융, 서비스 사업 중심으로 세계적 수준의 디지털 기술과 사업역량을 갖춘 일류기업군(群)으로 성장하고, 부채가 거의 없는 탄탄한 재무구조를 보유한 우량 기업으로 변모해 있을 것입니다. 또한 세계 유수의 기업들과 전략적 제휴를 맺는 글로벌 기업으로 발전해 나가면서 고객들과 국제사회에서 존경받는 그런 기업 이미지를 갖추게 될 것으로 생각합니다."

이병철 선대 회장에 대해 말씀해 주신다면.

"시야가 넓고 시대의 흐름을 읽는 눈이 남다르셨던 같습니다. 그리고 결단력이 강했어요. 무엇보다 기업인으로서 존경하는 점은 사업을 단순히 돈을 벌기 위한 것이 아니라 국가와 사회를 위하는 수단으로 생각하셨다는 점입니다. 집안에서는 당신에게나 자식들에게 무척이나 엄하셨는데, 거실에 목계(木鷄)를 놓고 늘 자신을 경계하셨습니다. 당시에 엄하게 교육받은 것이 오늘날 제가 큰 흠없이 살아가는 데 밑바탕이 되었다고 할 수 있습니다."

벤처기업이
대기업 흉내내는 건 우려돼

만약 제2의 IMF 금융위기가 닥친다면
정부와 기업은 어떤 대책을 세워야 합니까?
그리고 국민들은 어떤 자세로 살아야 합니까.

"또 한번 같은 위기가 온다면 다시 헤어나기가 쉽지는 않을 것입니다. 위기가 닥치기 전에 국민과 정부, 기업이 삼위일체가 되어서 예방하는 것이 최선이라고 하겠지요. 제가 보기에는 아직도 경제위기에서 완전히 벗어났다고 할 수 없는데도 사회 일각에서는 과거와 같은 거품현상이 나타나는 것 같습니다. 이 거품을 빨리 걷어내야 합니다. 기업은 세계 1등 기술과 제품개발에 최선을 다해야 할 것이고 정부는 디지털 시대에 맞는 새로운 산업환경과 인프라를 만드는 데 노력해야 될 것입니다. 국민들은 분수 있는 생활태도와 맡은 일에 최선을 다하는 직업의식과 근로윤리를 갖추어 나가야 되겠지요."

정보통신을 주축으로 이뤄지고 있는 한국 벤처산업의
장점과 단점을 진단해 주십시오.

"우리 벤처 업계를 보면 대단한 힘과 역동성이 느껴집니다. 벤처기업들이 IMF 금융위기 이후 우리 경제를 회복시키는 데 큰 역할을 하기도 했고요. 의사결정이 빠르고 신제품 개발과 생산 속도가 아주 빠릅니다. 인터넷 분야는 국제 경쟁력도 있다고 봅니다. 그러나 성공했다고 하는 일부 벤처기업들이 사옥(社屋)을 사들이고 벌써부터 대기업들의 흉내와 모양새를 갖추려고 하는 것 같아 우려되기도 합니다. 대부분의 벤처기업들이 인터넷 서비스 사업 같은 특정분야에 많이 몰려 있는 것도 문제고, 서울이나 수도권 지역에 너무 편중되어 있는 것도 앞으로 해결해야 할 과제라고 하겠습니다."

기업인으로서 정부에 대해 바라고 싶은 게 있다면요.

"국경 없는 무한경쟁의 시대에 타율과 규제는 경쟁력을 떨어뜨리기 때문입니다. 제2차 세계대전 후 일본경제가 저렇게 성공할 수 있었던 것은 정부의 힘이 컸다고 봅니다. 그러나 지금은 오히려 경제발전의 걸림돌이 되고 있습니다. 관료주의가 지나치게 발달된 때문이지요. 우리가 일본보다 희망적인 것은 관료주의가 조금 덜한 것인데, 지금이라도 국가 백년대계를 위해 작고 강하면서 효율적인 정부를 만들어 나가야 합니다. 법과 제도 등 모든 것을 제로베이스에서 새로 짜야 합니다. 행정이야말로 최대의 서비스 산업이라는 인식을 가져야 합니다. 오래 전부터 계속 말해 온 것이지만 국민과 정부, 그리고 기업이 삼위일체의 힘을 합쳐 21세기를 준비해 나가야 우리도 선진국이 될 수 있습니다."

10년 후 자신의 모습을 그려 주십시오.

"솔직한 심정으로는 지금부터라도 쉬면서 여가를 즐기고 싶습니다. 그렇지만 아직 기업 경영자로서 삼성을 세계 일류기업으로 만들어 가야 하는 사명이 남아 있으니 쉬지를 못하겠군요. 그룹 경영을 놓고 본다면 지금까지 제 자신이 전면에 나서서 직접 관여해 오지 않았습니다. 저는 대주주로서 또 경영인의 한 사람으로서 미래의 전략방향 등 경영의 큰 줄기에 대해 가끔씩 상의하고 조언하는 데 그치고, 앞으로도 일상적인 경영활동은 각 회사의 사장들이 권한과 책임을 갖고 자율적으로 해나갈 것입니다. 만약 여유가 생긴다면 취미생활을 좀 더 즐기고 우리 사회를 위해 공헌할 수 있는 길을 모색해 볼까 합니다."

가장 존경하는 분은 누구이며,
그분의 어떤 점을 존경하십니까.

"지금까지 좋은 분들을 많이 만났습니다. 이분들은 경영을 하는 데도 큰 도움을 주셨고, 때로는 세상을 사는 지혜를 주시기도 했습니다. 워낙 많은 분들로부터 지도를 받다 보니 선뜻 어느 한 분을 꼽기가 쉽지 않군요. 특별히 한 개인에게서 배운다기보다는 여러 사람한테서 각각 장점을 배우는 식이라고 하겠습니다. 혼다자동차의 혼다 사장한테는 기술중시(重視)의 사상을 배우고, GE의 웰치 회장으로부터는 혁신전략을 배우고 하는 식으로 말입니다. 가장 많은 영향을 주신 분은 아무래도 선친이라고 해야 하겠지요. 오늘의 제가 있기까지는 선친의 엄격하면서도 자상한 가르침 덕분이라고 생각하고 있습니다."

기업인의 자세에 대해 말씀해 주신다면.

"죽어서 입고 가는 수의에는 주머니가 없다는 것을 늘 염두에 두고 있습니다. 돈보다는 기업하는 데 자부심과 긍지를 갖는 것이 중요합니다. 우리 사회에서 기업인은 긍지를 갖기 어렵게 되어 있습니다. 많이 바뀌긴 했습니다만 아직도 기업에 대한 일반의 시선이 차가운 편입니다. 기업에 요구하는 우리 사회의 기대 수준이 유달리 높은 탓도 있겠지만, 기업인 스스로 자부와 긍지를 잃었기 때문이 아닌가 생각합니다. 또한 기업은 속성상 끊임없이 진화하고 변화해 나가야 합니다. 따라서 기업인들에게는 항시 환경변화에 도전하는 자세, 현재 위치에 대한 위기의식을 갖고 더 높은 단계로 발전하려는 좋은 의미의 욕심을 갖는 것이 필요하다고 봅니다."

Part 5

미래를 설계하다

이건희가 예측한 30년 후의 미래는 이제 현실이 됐다. '벽돌' 휴대폰이 전부였던 1990년대 초 이건희는 1인 1휴대전화 시대와 제5이동통신을 예측했다. 삼성전자가 미국 애플과 세계 고급 휴대폰시장을 사실상 양분하는 초일류 기업이 된 것은 이건희의 예측과 판단, 실행 능력이 발휘된 결과라 할 수 있다.

이건희는 30여 년 전 사장단 회의에서 "배터리 사업을 빨리 시작해야 한다", "소프트웨어 인력을 대거 확보해야 한다", "우주산업이 곧 대중화될 것"이라며 사업계획을 내놓으라고 요구하기도 했다. 삼성전자를 제외한 계열사 사장들은 당시의 첨단산업인 반도체를 따라가기도 힘겹다는 반응이었지만, 이건희는 아랑곳하지 않고 "미래 먹거리를 고민하고 내놓으라"고 끊임없이 요구했다. 현재 소프트웨어, 배터리, 우주산업은 가장 주목받는 첨단미래산업이다.

또 1990년대 초 "미래엔 제조업이 쇠하고 고부가가치인 제약업이 우리를 먹여 살릴 수 있다"며 제약회사, 병원, 의과대, 간호대 등 관련 업종을 지속적으로 인수하는 데 힘을 기울였다. 해외 명문 의대와 유명 제약회사 인수도 검토하며 메디컬 분야에 관심을 쏟았다. 이는 우리나라가 2020년대 초 코로나19라는 전 세계적 팬데믹을 어느 정도 대비하는 토대가 됐다.

이건희의 예측은 삼성과 관련된 것에 그치지 않았다. 국내 경기 호황 속에서도 다가올 위기에 불안해하며 "1997~1998년쯤 되면 기본 경쟁력이 안 돼서 불경기가 온다"고 했고, "국제적으로 물 사업이 커질 테니 미리 몇천억이든 투자해라"고 했으며, 도심 복합화에 대한 제안도 내놓았다.

이건희 삼성 회장이 2004년 방진복 차림으로 경기도 기흥 반도체 공장을 둘러보고 있다.
ⓒ 월간조선DB

철강 반도체 자동차 전자 도로 이동통신까지.
지금 안 하면 후대에서 원망 들어

"철강, 반도체, 자동차, 전자 같은 투자집약적인 대형 산업 하고 도로, 통신 같은 인프라를 지금 다 해놓지 않으면 후대에서 원망을 들을 수도 있어. 지금 제1, 제2 이동통신 나오는데 앞으로 제4, 제5 이동통신 시대로 갈 거야. 일본, 미국도 그렇게 가고 있고. 20세기 초반에 해야 할 인프라가 지금 제대로 안 돼 있다면 지금 빨리 해야지 21세기로 넘길 순 없잖아. 그렇게 되면 부담은 다음 세대로 넘어가고 돈은 돈대로 모자라고 사람은 사람대로 모자란 다고."

이건희는 국가경제 발전은 정부·기업·국민이 함께 노력해야 한다는 생각을 갖고 있었다. 기업이 아무리 기술개발에 투자를 하고 인재를 키워도 인프라가 받쳐주지 못하면 성공하기 힘들다는 뜻이었다. 이건희는 인프라가 국가경제의 성공을 좌우할 것이라 생각했고, 정부와 좋은 관계를 유지하고 싶어했다. 그는 미국과 독일이 넓은 땅에 도로와 통신 인프라를 촘촘하게 갖추고 있는 점을 부러워하며, 우리나라도 하루빨리 인프라를 확실하게 갖춰 선진국과 경쟁해야 한다고 주장했다.

의료산업은 21세기에 꽃핀다.
소득 올라가면 의료비 오를 수밖에 없어

"의료산업은 21세기에 꽃이 필 거야. 지금은 의료산업이 적자라 하지만 소득이 올라가면 의료비가 국방비같이 자꾸 올라가게 되거든. 생산으로 돈을 버는 건 메모리(반도체)가 마지막일 거야. 미래를 보지 않고는 크게 돈 벌 수 있는 게 없어. 특히 길게 보고 준비해야 할 건 제약산업이야. 우리 병원(삼성의료원)이 있으니 제약도 최고급으로 해서 진출해야지. 일단 해외 특허부터 확보하고. 지금 외국 제약회사들 매물로 나와 있지 않나? 독일, 이태리, 스위스 이런 나라의 세계적 제약회사 하나 사는 것도 생각해봐. 삼성의료원이 보증하는 제약회사라는 이미지면 좋잖아.

우리 병원이 있으니 제약연구소와 의료기기연구소를 만들자고. 그룹 총동원해서 신약을 사 오든 특허를 사 오든 최고 수준으로 해야 돼. 1년에 1,000억 원 집어넣을 각오하고 제약회사를 사든가. 서울대 약학과 출신들이 오고 싶어 하는 연구소를 만들어야 돼. 제약연구소, 의료기기연구소, 병리학연구소를 같이 만드는 거지. 보통 병원에 병리학연구소는 있는데 제약연구소나 의료기기연구소는 없잖아. 이걸 우리가 제일 먼저 만들어보자고. 우리가 4,000만 우리 국민의 건강을 위해서 해야 되는 거야. 의과대학을 단독으로 만들자고 내가 그랬지. 포항공대식으로 키우자는 거야. 장학금 다 주고 생활비 다 주고 천재들을 모아오는 거지. 서울의대 갈 전국 1등은 안 온다 해도 2~5등은 우리에게 올 만한 그런 의과대학이 생겨야 돼. 존스홉킨스 의대를 한국에 들여오면 어때? 안 된다면 학원 형식으로 들여와서 3+3으로 여기서 3년 영어로 수업하고 미국에서 학위 받는 걸로 하면 서울대보다 낫지 않나 싶은데. 존스홉킨스가 어찌 나올지 분위기를 살펴봐. 이름 없는 신설학교 만드느니 존스홉킨스랑 합작해서 디자인학교(편집자 주 : SADI, 삼성이 1995년 설립한 삼성디자인학교)처럼 교육계에 혁명을 한 번 일으켜보자는 거야. MIT하고 합작해서 공대를 만들든지. 중국도 한 번 살펴봐. 중국은 한방의학도 강하고 기초물리학 생물학 생태학 그런게 강하니까 참고할 게 있을거야. 간호대학은 우리가 인수할 수 있지 않나? 적십자간호대학은 어떤가? 간호대학을 인수해 4년제로 만들고 우리 병원 검진센터하고 연계해 보자."

-

이건희는 의료·제약산업이 미래산업이라 판단하고 병원을 기반으로 제약산업에 진출하고 싶어 했다. 해외의 제약회사를 인수하고 기존 삼성그룹 계열사 내부에 있는 식품, 의료, 바이오 등 부문과 합쳐 일류 제약회사를 설립할 계획을 세우기도 했다. 보유하고 있던 서울 강남구 일원동 땅에 제약연구소를 세우고 제약회사도 신설하는 방안이었다. 이건희는 "외부 인력은 물론 그룹 내 우수 인재를 찾아보고 데려오는 방법도 생각해라"고 지시했다. 이건희는 회장 취임 후 제일병원과 고려병원(現 강북삼성병원)을 인수하고 의과대학 신설도 추진했다. 삼성은 적십자간호대학 인수를 추진하기도 했지만 여러 이유로 성공하지 못했다.

물사업 연구해라.
1,000억~2,000억 써서라도.
21세기엔 물이 더 중요해진다

"요즘 물 모자란다는 얘기 들리는데. 예전에 내가 크게 (물 관련 사업) 한번 하자고 했었잖아. 지금 이 타이밍에 구체적으로 연구해야지. 지하우물 이런 데 1,000억~2,000억 쓰라고 내가 얘기했었지? 21세기를 대비하는 입장에서 물이 얼마나 중요한데. 국제화가 되면서 농촌도 변화가 생길 거고 에너지와 물은 엄청나게 더 중요해질 거야. 이런 거 배우는 해외 시찰에도 돈 좀 쓰라고."

–

1990년대 초반 국내에서 '물'을 사업으로 생각하는 사람은 많지 않았다. 지금은 일반화된 '페트병 생수'도 보기 힘든 시절이었다. 그러나 세계적으로는 환경 파괴와 강·바다 오염으로 식수가 줄어들면서 각국이 국제적으로 협력에 나서는 시기였다. UN은 1993년부터 '세계 물의 날'을 지정해 기념하고 있으며, 각국 정부·국제기구·비정부기구 및 민간 부문의 참여와 협력을 진행하고 있다. 한국은 1990년 물부족국가로 분류됐고, 2025년에는 물기근 국가가 될 것이라는 전망이 나오는 상태이지만 민간기업의 물 산업은 활성화되지 않고 있다.

1997~1998년 되면 기본경쟁력이 안 돼서
우리나라에 진짜 불경기가 온다

"내가 더 걱정하는 건 다음 세대야. 자동차만 아니라 반도체, 철강, 중화학공업을 탄탄하게 해놓지 않으면 경제회복이 절대 안 되게 돼 있어. 지금 경기가 괜찮게 느껴지는 건 5공, 6공에서 워낙 좋지 않았고 지금 엔고(高)현상 때문에 반짝하는 것뿐이지. 1997~1998년 되면 기본 경쟁력이 안 돼서 진짜 불경기가 오게 돼. 대통령 탓 할 수도 있다고. 이런 걸 걱정하는 건데 말이야. 국내 산업이 공동화되면 어쩔 건지. 미국은 10~20년 전에 공동화돼서 경제가 펑크 났잖아. 2000년을 바라보는 시대에 그러면 어떡할 거냐고. 지금 회복하고 원상복귀 안 해놓으면 안 돼. 지금 대통령은 걱정을 안 하는데 나중에 속았다는 말 나올 거라고."

–

신경영이 시작된 1993년 당시 국내 경기는 활황이었고 임기 초반인 김영삼 대통령의 지지율도 높았다. 그러나 이건희는 지금의 경제 호황보다는 다음 세대의 경제, 지금 정권보다는 다음 대선을 걱정했다. 야당생활만 하던 정치인이 대통령에 당선되고 초반 지지율까지 높다 보니 그에 도취돼 미래를 대비하지 못하는 것 아니냐는 우려였다. 이건희는 미래가 불안해지는 시점을 차기 대선 때, 즉 1997년 겨울 즈음으로 봤다. IMF 금융위기가 터진 시점과 일치한다.

미국에 삼성 PR해.
성공하면 몇백만 배의 성과가 있어.

"전문가를 통해서 삼성 이미지 메이킹을 하는 걸 검토해봐. 미국에 삼성 PR을 해야 되겠어. 실패하면 몇 백만 달러 날리는 거지만 이런 건 성공하면 몇 만 배, 몇 십만 배의 성과가 되는 거야. 국내에서 하는 것보다 그게 훨씬 효과적이거든. 내가 몇 년 전부터 전 간부의 홍보요원화라는 얘길 했어. 이 말이 뭔지를 다들 못 알아들어. 홍보는 업종별 상품홍보라는 게 있고 그룹홍보, 이미지홍보라는 게 있잖아. 섞여 있지만 나눠야 돼. 상품홍보는 나도 보면 알 수 있지만 이미지광고는 상당한 지식과 상식과 안목이 있어야 돼. 3차산업이라는 건 돈만 벌어서는 안 되는 거야. 이미지가 굉장히 중요하고 일종의 문화라 할 수 있어."

-

이건희는 기업이미지와 홍보에 대한 중요성을 일찌감치 깨닫고 있었다.
물건 잘 만들고 잘 팔아 수익을 올리는 것은 기본이고, 이런 기업활동을
통해 국민의 사랑을 받아야 기업이 건재할 수 있다는 것이었다. 이건희
에게는 과거 삼성이 소유했던 한국비료가 정부로 넘어간 일이 트라우마
로 남아 있었다. 창업주가 애착을 가졌던 기업을 대책없이 정부에 뺏길
수밖에 없었던 것은 여론이 삼성의 편이 아니었기 때문이라는 생각도
했다. 이건희는 삼성전자에 홍보팀을 신설하고 제품홍보가 아닌 기업홍
보를 주문했다. '또 하나의 가족' 등 삼성의 많은 이미지광고와 캠페인이
이건희의 주문으로 탄생했다. 뿐만 아니라 국내 홍보에 그치지 않고 세
계를 대상으로 한 홍보도 직접 지시했다. 삼성이 세계적인 기업이 된 것
은 기술력과 제품은 물론 해외 홍보에 힘을 쏟은 점도 작용했다.

10~15년 후에는 개인이 전부 전화를 갖고
세계 어디 가도 다 되고,
카드 하나로 전 세계에서 신용카드도 되고
전화도 되는 세상이 온다고

"도로나 항공 같은 하드 인프라도 중요하지만 교육, 통신 같은 소프트 인프라도 중요해. 21세기엔 개인이 전부 전화를 가지고 세계 어디로 가도 전화가 다 돼야 되거든. 미국은 전국에 망을 깔고 있고 곧 할 거야. 그런데 우리 정부는 맨날 5대 그룹 누를 생각만 하고 21세기 생각은 조금도 안 한단 말이야. 앞으로 정보화 사회에 바로바로 전화가 되는 게 얼마나 중요한가. 10~15년 후에는 카드 하나만 있으면 전 세계에서 신용카드도 되고 전화도 되는 세상이 온다고. 아프리카 오지에 가서도 바로 집으로 전화할 수 있게 돼. 일제시대 태어나서 전쟁 겪고 굶주리던 시절 살던 사람들이 이런 시대에 살게 된다니 얼마나 변화가 빨라. 우리 경쟁력도 여기에 맞추지 않으면 안 되잖아."

\-

이건희는 곧 신용카드와 스마트폰의 시대가 온다고 봤다. 한국 신용카드의 역사는 1980년대 은행들이 신용카드를 발급하면서 본격적으로 시작됐지만, 1990년대 초반만 해도 신용카드는 백화점, 면세점, 해외 등으로 사용할 수 있는 곳이 한정돼 있었고 대중화되지 않은 상태였다. 보통 사람들의 지갑에는 신용카드보다는 전화카드, 현금카드, 각종 할인카드들이 자리잡고 있었다. 해외에서 집으로 전화를 하려면 현지에서 전화카드를 구입해 국제전화가 가능한 공중전화를 찾아야 했다. 아프리카 등 오지로 출장을 가면 공중전화는 언감생심, 엄청나게 비싼 호텔 전화 아니면 연락이 불가능했다. 휴대폰으로 국제전화를 건다는 것은 상당한 부자가 아니면 상상하기도 힘든 일이었고 전 세계에서 통하는 전화는 공상과학만화에나 나오던 시절이었다.

그러나 이건희는 10여 년 내로 전 세계에서 카드 한 장으로 모든 걸 해결할 수 있는 시대가 온다고 봤다. 현재의 갤럭시 스마트폰과 삼성페이가 시장을 점령할 수 있는 것은 30여 년 전 이건희의 혜안에서 비롯됐다고 봐도 무방할 것이다.

수도권 복합화하면
국가경쟁력 크게 높아져

"출근하는 데 한 시간 반씩 걸리고 이런 거 너무 비생산적이 잖아. 서울특별시는 인구는 전국의 25%지만 돈, 기업, 정보는 80% 이상을 차지하고 있어. 미국으로 말하면 뉴욕, 워싱턴DC, 시카고, 보스턴, 샌프란시스코를 다 합친 게 서울이고 서울이 잘못되면 21 세기 우리나라는 희망이 없어. 그런데 서울은 도로점유율이 너무 부족해서 교통정체도 심하고 생활이나 업무 질도 문제라고. 도로 를 늘리는 것도 중요하지만 서울 20여 개구를 각각 복합화시키면 어떨까. 각 구에 사무실과 주택이 같이 있을 수 있는 복합공간을 마련하고 생활편의시설까지 반경 1km 안에 다 집어넣는 거지. 출 퇴근도, 장보기도, 애들 교육도 반경 1~2km 안에서 다 해결하면 얼마나 시간과 비용, 노력이 절약되고 효율적이겠어. 일주일 동안 은 그 구에서 나오지 않아도 되도록 하는 거야. 한 빌딩 안에 사무실, 주택, 학교, 양로원, 병원까지 다 넣을 수도 있잖아. 우리(삼성) 반도체가 성공한 이유가 설계 개발 생산을 한자리에서 할 수 있어서였어. 남들 3년 걸리는 걸 우리는 2년 반 만에 만들었거든. 미국이나 일본은 도시간 이동하는 데도 한참 걸리잖아. 삼성전자는 수원 기흥 공장에서 설계 개발 생산자가 한자리에 모여서 회의하는 게 가능했지. 앞으로 국가경쟁력도 이런 식으로 갈 거야."

-

이건희는 정부와 기업과 국민이 삼위일체로 바뀌어야 한다며 '복합화된 국가'에 대한 구상을 펼쳤다. 서울 포함 수도권을 복합형으로 만들면 국가경쟁력을 크게 높일 수 있다는 아이디어다. 요샛말로 '직주근접(직장과 집 근접)'이다. 이건희는 삼성이 소유한 서울 강남구 도곡동 땅(현재 타워팰리스)에 삼성 임직원들의 복합공간을 만들 계획도 세웠었다. 강북, 수원, 기흥 등 삼성 사업장들 가운데 위치한 땅에 임직원들을 위한 주거, 사무실, 학교, 병원, 쇼핑몰, 어린이집과 양로원까지 만들어 업무효율과 임직원의 생활만족도를 함께 높인다는 계획이었다. 하지만 이 계획은 여러 이유로 실현되지 못했다.

[최초공개]
삼성그룹의 서울시 발전 계획 문서

이건희는 비서실에 서울시 발전 관련 방안을 마련하라고 지시했고, 비서실은 1996년 '서울시 발전방향'이라는 제목의 대외비 문서를 작성해 이건희에게 보고했다. 서울시의 현황, 서울을 어떻게 국제화된 대도시로 만들 것인지에 대한 방안, 서울을 위해 삼성이 나서야 할 일을 정리한 것이다. 해당 문서는 이건희가 삼성그룹을 단순한 기업으로 생각하지 않고 대한민국 발전의 리더로 만들고자 했다는 사실을 보여준다. 교통문제 해결을 위한 헬기 활용, 도로율 확충, 상하수도 확충 등 정부가 해야 할 역할도 다수 포함돼 있다. 문서의 내용을 간략히 정리하면 아래와 같다.

서울시의 발전방향

- 서울은 한국의 수도이며 정치, 경제, 산업, 문화, 교육의 복합도시(뉴욕, 워싱턴, LA, 시카고의 기능이 합쳐진 도시)
- 서울의 중요기능 집중도(%)는 인구 25%, 경제기능 76%, 정보기능 94%, 상장기업 67%
- 서울시를 하드적, 소프트적으로 개조해야. 과감한 결단을 지금 하지 못하면 후세사람들의 비난을 받게 됨.
- 도시 경쟁력 강화를 위해 헬기를 주요 교통수단으로 활용. 서울 동서남북에 중소형 공항 건설.
- 지하철, 경전철이 총교통량의 60~70% 이상을 담당할 수 있도록 지속적으로 투자

- 도심공간 활용 위해 지하공간 최대 활용. 그린벨트 20% 규제 줄여 서울 동서남북 4개 지역에 500만평 규모 복합화단지 조성->부도심 개발로 인구분산 효과 기대
- 구, 동 단위로 자족가능한 복합단지 조성 촉진->교통발전 확대 및 삶의 질 향상, 이동으로 인한 경제적 사회적 손실 방지
- 영종도 국제공항과 연계, 국제비지니스센터와 국제금융센터 개발하고 관광호텔과 컨벤션센터 건설->홍콩의 국제금융기능을 서울로 유치
- 서울은 도로 부족으로 도심에서 차량주행속도 계속 떨어져. 자동차 목적 상실. 2010년 서울의 자동차 보유대수는 현재의 2배인 340만대, 도로 완전 마비 예상
- 도로율 1% 개선에 땅값만 6조원 소요되므로 막대한 예산 필요->획기적 개선방안이 필요
- 기존 간선도로 인접 일정분을 수용하고 수용된 지역이 도로화됨에따라 도로변이 되는 지역의 건물용적률을 2배로 증대하여 그 중 일부를 수용된 토지 소유자들에게 보상
- 21세기 3층 도로 건설을 위해 12차선 확보
- 건물 증축지역도 쪼가리빌딩 여러 개 식이 아닌 복합화된 초고층 빌딩으로 모아 건출 필요하고 웬만한 건물은 헐어내야 부흥됨 (사례:나고야 시의 100m폭 도로)
- 상수도 시설용량 50%이상 확충 및 수질오염 방지, 하수도는 현 시설의 5배 이상 확충, 장기적으로 대처(하수시설 부족이 도시위생 및 수질오염의 주범)

동남아의 입구인 부산 활용할 방법이
얼마든지 있다

　　"고속전철을 서울에서는 물론 목포에서 부산까지 끌어야
돼. 그리고 비행장이 국제화가 안 돼 있어. 동남아의 입구가 부산
아냐. 삼성자동차 공장 만들면 우리가 부산 책임질 수 있어. 만들
자마자 배에 실어 수출해 버리면 재고 쌓아놓을 몇 십만 평이 필요
없잖아. 주문받고 만들고 배에 싣고 수출하는 거지. 일본은 그럴
땅이 없다고. 대구에 자동차공장이 있어야 할 이유가 뭐야."

-

이건희는 부산에 삼성자동차 공장을 만들 계획을 갖고 있었다. 그는 공장을 포함해 부산경제에 투자하기 위한 구체적인 계획도 있었다. 부산을 동남아 수출기지로 활용해 경제발전을 견인할 수 있다고 생각했다. 그러나 김영삼 정부는 삼성의 자동차산업을 좀처럼 허가하지 않았고, 삼성은 대통령의 고향인 부산을 발전시킬 방안을 마련하고 있다고 정부와 정치권에 여러 차례 어필했지만 별 효과가 없었다. 결국 여론과 부산 민심, 일부 정치권 인사들의 의견에 따라 삼성이 자동차산업을 할 수는 있게 됐지만 애초 계획보다는 훨씬 줄어든 규모였다. 당시 삼성의 자동차산업 투자가 예정대로 이뤄졌으면 부산은 지금과 다른 모습일 가능성이 크다.

금융-서비스계열 사장단 특강

이건희는 신경영 초기 삼성전자 등 제조업체들이 빠른 변화를 해나가는 데 비해 금융·서비스업 계열사들의 변화 속도가 떨어진다고 봤다. 1994년 1월 금융·서비스계열 사장단을 모아놓고 약 40분간 '친절서비스업의 개념과 신경영'에 대해 설명한다. 주요 내용을 이건희의 말 그대로 옮긴다.

"제조업은 그래도 수출하고 외국에 나가야 되고 안 나가면, 안 뛰면 안 팔리지. 선견지명이 있어서 나가는 게 아니고 안 나가면 안 되기 때문에 국제화의 개념 정도는 알고 있어. 그런데 금융보험 이쪽은 (세계화가) 거의 전무(全無)에 가깝다는 거야. 5~6년 전부터 얘기했는데 충고를 이렇게 못 알아듣는 게 삼성그룹이야.

금융업이라는 게 가장 보수적이고 권위적이고 일 없고 편하고 나태 퇴보하면서 노조는 제일 강성이잖아. 금융이라고 하면 3차산업 고급산업이고 가장 국제화돼 있고 차원이 높아져야 될 텐데. 이렇게 유치한 용어부터 나와야 되나. 말로만 친절하고 내가 고함을 지르니까 '하겠습니다' 하면 어떡해. 연수한다고 되는 게 아냐. 한국사람이 청기와장수 의식이 있어서 (출장)가봐야 자기만 보고 오잖아. 가서 열심히 배우고 와서 전파를 해야 되는데 그런 사람을 골라 보내질 않고. 그런 식으로 연수할 거면 보내지 마. 우선 사람을 잘 뽑아야 돼. 출장을 보내려면 보고 감상문 쓰는 법부터 준비시켜. 사전에 교육을 시키고 보내야 된다고. 가서 대충 만나고 시내관광이나 할 거면 가지도 말고. 자기가 못난 거, 잘난 거, 장점과 단점을 완전히 파악하고 난 다음에 남을 봐야 비교가 되지 내가 잘났다고 생각하고 선진국에 가봤자 뭐하러 왔느냐고 하지 않겠냐고.

변하는 게 어려워. 골프 스윙하고 똑같아. 10년 20년 하던 스윙을 비기너처럼 바꾸는 건 불가능하다고. 새로 시작하는 게 훨씬 쉬운 거야.

밑에 사람들 아이디어를 좀 들어. 아이디어는 서른다섯이 넘으면 머리가 굳어버려서 안 돼. 젊은 사람들 팀을 만들어서 거기다 맡겨버려. 히트하면 보너스 엄청 주고 그런 식으로 극단적으로 해버리라고.

여기 있는 업종들은 전부 차원 높은 친절, 친절 상품 개발, 순이익 전부 중요해. 3차산업이란 건 돈만 벌어서는 안 되는 거야. 이미지가 굉장히 중요하고 일종의 문화이면서 그 나라에 공헌하는 거야. 보험은 보험대로 호텔은 호텔대로 상품은 팔고 이익은 나지만 그외의 문화적인 인상, 이게 훨씬 중요한 업종이야. 이런 데 권위주의가 있어서는 안 돼.

용인자연농원(現 에버랜드)도 완전히 바뀌어야 돼. 입장료는 거저 들어가도 된다고. 애들이 부모를 졸라서 부모들이 돈을 쓰게 만들고, 젊은 커플들이 줄을 서서 기다리고 하는 게 용인의 개념인데 그게 안 되고 있잖아. 대한민국 관광자원인데. 1,000달러 쓰려고 왔는데 살 게 없어서, 갈 데가 없어서 200~300달러밖에 못 쓰고 간단 말이야. 3박4일 놀 거 2박3일로 줄이고.

업의 개념을 좀 이해하라고. 서비스업이 단합하면 시너지효과가 나고 삼성그룹 이미지가 저절로 올라가고 다른 상품이 저절로 잘 팔려."

다시보는 인터뷰
〈월간조선〉의 이건희 7시간 인터뷰

〈월간조선〉 1989년 12월호에 실린
'오효진의 인간탐험' 인터뷰 기사.

삼성 뉴 리더 李健熙 회장
(월간조선 1989년 12월호 '오효진의 인간탐험')

　　이건희를 직접 인터뷰한 기자는 많지 않다. 회장 취임 후 몇 건의 인터뷰가 있었지만 상당수는 서면 인터뷰였고, 대면 인터뷰를 한 경우라도 비서실에서 미리 제공한 삼성 관련 내용이 대부분을 차지했다. 다변가인 이건희는 왜 언론 인터뷰를 거의 하지 않았을까. 육성 녹음 테이프에서도 알 수 있듯 이건희는 머릿속에서 떠오르는 대로 길게 이야기하는 것을 좋아했다. 그러다보니 말이 길어지면 실수가 나올 수 있는 만큼 홍보팀에서 이 회장과 언론인의 접촉을 가능한 한 피하도록 했다고 한다. 특히 1995년 기자들 앞에서 "기업은 2류, 관료는 3류, 정치는 4류"라고 한 이른바 '베이징 발언'으로 정부와 삼성그룹 간에 미묘한 기류가 흐르면서 이건희가 기자들과 직접 만나는 일은 더욱 드물어졌다. 이건희 관련 동영상이나 인터뷰 자료가 많지 않은 이유다.

그러나 이건희가 영화를 좋아해 비디오테이프를 1,000개 이상 보유하고 있고 개를 사랑하며 떡을 좋아한다는 등의 사적인 이야기들은 의외로 잘 알려져 있다. 이는 〈월간조선〉 1989년 12월호의 '오효진의 인간탐험' 인터뷰를 통해 알려졌다. 신경영이 본격적으로 시작되기 전 인터뷰였던 만큼 삼성에 대한 이야기보다는 이건희 개인에 대한 이야기가 많아 흥미롭다.

오효진 기자는 신라호텔 특실과 이건희의 한남동 집을 오가며 7시간여에 걸쳐 인터뷰를 가졌다. 오효진 기자는 이건희에 대해 "무엇에건 깊이 파고드는 대단한 집념이 있는 것 같았다"고 했다. 아래는 〈월간조선〉 인터뷰 중에서 이건희가 한 사적인 얘기들을 발췌한 것이다.

이건희는 "손이 거칠다"는 기자의 질문에 뜻밖의 대답을 했다.

"골프를 쳐서 그렇게 됐을 거고. 또 개를 좀 좋아해서 개 빗질을 하다 보니까. 진돗개를 한 20마리 키웁니다. 어릴 때부터 동물을 좋아했지요. 중학교 1학년 때부터 계속 개 한 마리씩은 키워왔지요. 진돗개를 키우기 시작한 지 한 20년 됐습니다. 진돗개가 천연기념물 53호로 지정돼 있는데도 보존이 잘 안 되고 있었어요. 그래서 세계적으로 개 종류가 200여 종 되는데 진돗개가 한국 원산지인 개로 등록되지 못했지요. 몇 년 전 겨우 세계견종협회에 등록을 했습니다. 그 등록요건이 까다로워요. 똑같은 종류끼리 교배시켜서 몇 % 이상 같은 종류가 나와야 하고. 그 요건에 맞춰서 등록을 마치는 데 12~13년 걸렸습니다. 개는 절대 거짓말 안 하고, 배신할 줄도 모르죠."

이건희는 어린 시절 유복하게 생활하지는 못했고,
어머니와도 떨어져 살아야 했다고 했다.

"(고향) 대구에서도 까만 고무신을 신고 다녔어요. 어쩌다 흰 고무신을 사받으면 애낀다고 구석에 숨겨놓고 그랬죠. 유치원 때 제 생일에 어머니가 김 다섯 장하고 달걀 삶은 거 한 개를 다른 형제들보다 더 주시며 '네 생일이라 주는 거다'고 하셨습니다. 일본으로 서울로 이사하다 보니 어머니와 같이 산 날도 별로 없었습니다. 그러니까 성격이 내성적이 됐고, 친구도 없고 술도 못 먹으니 혼자 있게 됐고, 그러니까 혼자 생각을 많이 하게 됐고, 생각해도 아주 깊게 생각하게 됐죠. 또 선진국에 살다 보니 앞선 제품과 기술에 관심이 많게 되고 이겨야겠다는 마음도 생기고 그랬죠. 가장 민감한 때에 배고픔, 인종차별, 분노, 객지에서의

외로움, 부모에 대한 그리움, 이런 모든 걸 다 느꼈습니다. 그래서 지금도 일본에게라면 뭔든지 지고 싶지 않아요. 상품은 물론이고 레슬링, 탁구, 뭐든지. 일본만 이기면 즐거워요."

이건희의 영화 사랑도 인터뷰에서 드러난다.

"일본 소학교 시절 수요일과 토요일 오후, 일요일과 노는 날, 이런 때 노상 극장에 가서 살았죠. 일본에서 소학교 때 3년간 영화 본 시간을 편수로 계산해 보니까 1,200~1,300개 되겠습니다. 요새는 비디오 테이프가 발달해서 그걸로 봅니다. 지금 제 침실이 서재고 식당이고 잠자는 장소지만, 방바닥의 3분의 1은 테이프로 꽉 차 있습니다. 제가 이런 환경에 안 태어났더라면 아마 영화사를 했거나 감독을 했거나 했을 겁니다."

이건희는 자신의 과거에 대해 솔직하게 털어놓기도 했다.

일본에서 야쿠자 집단 사람들과도 접해 봤고,

프로 레슬링 선수 역도산과도 자주 만났다는 등의 얘기다.

"제 성격이 여러 분야에 관심이 많아 파고들고, 또 세계 일류라고 하면 특히 관심이 많습니다. 사기전과 20범이라든지, 절도전과 20범이라든지. 또 어떤 사람이 대한민국 1등이라면 저는 만나고 싶고 얘기하고 싶고 그렇습니다. 일본에서 일류 야쿠자 집단의 사람들하고 한 1년 놀아 본 경험도 있습니다. 일본에서 대학 다닐 때 골프 치면서 퍼블릭 코스에서 그런 사람들과 어울렸죠. 프로 레슬링으로 유명한 역도산과도 자주 만났고. 여러 계통의 1급들을 보면서 그 사람들이 톱(Top)에 올라가기 위해서 어떻게 노력하는가를 연구했죠. 공통점은 철저하고, 인간미가 넘쳐흐르고, 그리고 벌 줄 때는 사정없이 주고, 상 줄 때도 깜짝 놀랄 정도로 준다는 겁니다."

이건희가 레슬링과 인연을 맺게 된 시점도
일본에 체류했을 때였다.

"제가 일본에 있을 때 한창 프로 레슬링이 유행했습니다. 프로하고 아마추어하곤 전연 다르지만 그 영향을 받았는지, 유도할까 레슬링할까 하다 레슬링을 하게 됐죠. 2년 가까이 했는데 연습 중에 부딪혀서 왼쪽 눈썹 부근이 찢어진 적이 있었습니다. 그런 일은 레슬링 하자면 흔한 겁니다. 그런데 어머니가 그걸 보시더니 깜짝 놀라 가지고 형제, 누나 총동원해서 교장한테 찾아가 빼달라고 해서 다음날 제가 레슬링부에서 쫓겨났습니다. 처음 아마레슬링협회 회장이 된 게 1982년인데 근처에도 잘 갈 수 없던 선배인 장창선 전무와 함께 일을 하게 되니까 처음엔 참 거북하데요. 요즘은 좀 편해졌습니다만."

이건희는 사치에는 관심이 없었다.
삼성가의 사람들 상당수는 고급 수입원단의 양복을 입었지만
이건희는 제일모직 제품을 애용했다.

"개인적으론 돈을 거의 안 씁니다. 또 특별히 쓸 일도 없고 기회도 없습니다. 1985년까지는 물건을 엄청나게 사 보았습니다. 전자제품도 새로 나왔다 하면 일단 한 번씩 다 사 보고 써봐야 했으니깐요. 외국에 가도 그 나라의 특산품, 최고품 한 번씩 사봤거든요. 워낙 많이 샀기 때문에 어떤 면에선 지금 물건에 질려 있습니다. 그런 점에선 제가 많이

써봤습니다. 지금 이 양복은 같은 게 다섯 벌 있습니다. 색깔이나 체크무늬 있는 것도 그렇구요. 새까맣게 입는 것도 그렇구요. 그렇지만 이런 복장(검은 바탕에 보일 듯 말 듯한 줄무늬 양복) 가지고는 어디서든지 통하지 않습니까. 상가에 가도 통하고 결혼식에 가도 통하고."

이건희가 자동차를 사랑한다는 것은 잘 알려진 얘기다.
이건희가 일본 와세다 대학을 졸업하고 미국으로 건너가
조지 워싱턴대 대학원에 진학한 후의 이야기다.

"제가 처음 산 차가 이집트 대사가 타던 차였어요. 새 차를 사놓고 50마일도 안 뛰었는데 아랍전쟁이 터져서 본국으로 발령이 난 겁니다. 새 차가 6,600달러 할 땐데 그걸 4,200달러에 샀습니다. 그걸 서너 달 타고 4,800달러에 팔았습니다. 600달러 남았죠. 또 미국인이 1년도 안 탄 걸 사서 깨끗하게 청소하고 왁스 먹여서 타다가 팔았죠. 이렇게 1년 반 있는 동안 여섯 번 차를 바꿨는데 나중에 올 때 보니까 600~700달러 정도가 남았더라구요.

중고자동차 시장원리는 간단합니다. 넘버를 탁 달면 1마일을 탔든 반 마일을 탔든 그 자리서 값이 3분의 1로 탁 떨어집니다. 그러니까 1년 이내에 팔리는 놈을 골라 사면 새 차를 헌 차 값에 살 수 있죠. 그런데 미국인은 차를 신발로 알고 청소를 잘하지 않아요. 우리는 힘이 남을 때니까 청소를 잘해서 몇 달 타고도 팔 때는 더 비싸게 팔 수 있는 거죠."

처음으로 삼성에 입사했을 때의 얘기도 했다.

이건희가 처음으로 출근한 곳은 삼성 비서실이었다.

"처음에(1966년) 옛날 반도호텔 건너편에 있던 삼성빌딩의 비서실에 출근했습니다. 사장님(이병철) 보실 신문의 삼성 관련 뉴스에 빨간 줄을 쳐서 올리는 일부터 시작했습니다. 그땐 24시간 모시고 다녔습니다. 골프장까지 모시고 갔습니다. 골프도 친구분과 치시면 저는 뒤에서 프로하고 또는 혼자서 치면서 따라갔습니다."

이건희가 주장하면서 세간에서 화제가 된 '메기론'에 대한 설명도 했다. 자신이 메기가 되겠다는 얘기였다.

"건전한 위기의식을 항상 가지라는 겁니다. 옛날 회장님께서 하신 이야기인데 그분이 20대에는 농사를 지으셨습니다. 그땐 논에 으레 미꾸라지를 키웠답니다. 그래서 한쪽에는 미꾸라지만 키우고 한쪽에는 미꾸라지 속에 메기를 한 마리 넣어서 키웠는데 가을에 생산할 때 보니 미꾸라지만 키운 쪽은 미꾸라지들이 오그라져 있고, 메기랑 같이 키운 쪽은 살이 쪄 통통하더래요. 메기가 잡아먹으러 다니니까 도망 다니느라 많이 먹고 튼튼해져서 그런 거지요. 메기보다 빨라야 살아남지 않습니까? 결과적으로 보니 메기가 있는 것이 더 낫다 하는 말씀을 들은 적이 있습니다. '삼성이 제일이다' 하는 생각이 들어서 지금도 그렇게 착각하는 사원들이 많아요. 제일이 되려면 어떻게 해야 하느냐를 제가 메기처럼 다니며 교육하고 있어요."

아버지 이병철 회장과의 관계, 가족과의 관계에 대해서도 이야기했다.

"아버님을 직원들은 상당히 무서워했는데 제가 안 무서워한 유일한 사람입니다. 회사에서나 집에 오셔서나 주무시기 전까지 제가 늘 모셨는데 눈빛만 보면 90% 정도는 뜻을 알 수 있었어요. 가족(부인, 자녀들)과는 20년 동안에 외식한 게 두세 번 정도 될까요. 외식이든 뭐든 가족끼리 한 것이. 저는 집에 가서 잠옷 갈아입고 제 방에 한번 앉아 버리면 거의 출입을 안 합니다. 애들도 2~3일에 한 번 와서 '아빠' 소리 한 번 하고 한 5분 정도 이야기하는 게 고작이죠. 전체 테두리는 강하게 정해 놓습니다. '니네 아버지 잘산다고 네가 부자 아니다, 경비원이다 뭐다 사람 쓰고 있는데 내가 이 자리에 있기 때문에 내가 고용한 사람이지 니 사람 아니다' 이러고, 사용인한테도 '니도 내 자식이 귀여우면 절대 버려놓지 말라, 차는 태워줘라, 그렇지만 필요없는 것 해주면 나한테 혼난다'고 이르지요."

이건희는 기자를 자택으로 초대해 인터뷰를 이어갔다. 기자가 동행한 이건희의 한남동 자택은 대지 310평에 건평 145평짜리 2층집이었고, 정원에는 진돗개 20여 마리가 있었다. 다섯 평쯤 될 듯한 그의 넓은 방에는 한쪽 벽 중앙에 더블베드가 놓여 있고 두 벽에는 책이, 그리고 한쪽 벽에는 대형 TV, VTR 세트, 그리고 오디오 세트들이 놓여 있다. 밖이 훤하게 내다보이는 창가엔 작은 탁자와 의자가 놓여 있었다. 방바닥의 3분의 1쯤엔 각종 비디오 테이프들이 놓여 있었다. 그 집 지하실에 보관된 테이프까지 합치면 1,000개가 넘는다고 했다.

술집에는 1년에 두세 번 가면 많이 가는 것이라며,

술은 못 먹지만 담배는 피우고 떡 같은 것은 잘 먹는다고 했다.

"담배는 하루에 한 갑 반쯤. 끊을까 하다가 누가 술도 못 먹는데 그것만은 놔 둬라 해서. 떡 홍시 토스트 같은 걸 잘 먹지요. 아까 그 자리(침실 창문 옆)서 하루 세 끼를 먹는 때가 많습니다. 그 자리에 한번 앉으면 7~8시간씩 앉아 있으니까요. 책 읽고, 비디오 보고, 음악 듣고, 생각하고. 주간지, 월간지를 봅니다. 주간지는 우리나라 것 하나 일본 것 둘(《일경 비지네스》, 《다이아몬드》), 월간지는 취미(《犬》, 《세계의 자동차》), 본업(경제지)해서 네 권을 봅니다. 우리나라 잡지는 그때그때 나올 때 훑어보는 정돕니다. 건강의 비결이랄 건 없지만 집에서 냉온탕을 자주 합니다."

Part 6

삼성家 이야기

이병철의 3남인 이건희가 1987년 삼성그룹 회장에 취임한 후 1990년대 초반 이건희의 형제들은 각각 한솔(이인희), CJ(이맹희), 새한(이창희), 신세계(이명희) 그룹으로 분리 독립했다. 1993~1996년 녹음된 테이프에는 이건희가 이 과정에서 겪은 인간적인 고뇌가 여실히 드러나 있다. 이건희는 당시 신경영과 그룹 계열분리를 함께 추진하면서 상당히 내적 갈등을 겪었던 것으로 보인다.

삼성은 1938년 이병철 창업주가 대구에 삼성상회를 개업한 것이 시작이다. 당시 29세던 이병철은 자본금 3만 원으로 삼성상회를 세웠다. 농산물과 별표국수 등을 판매했던 삼성상회는 1942년 조선양조를 인수해 몸집을 불린 후 1948년 서울에서 조홍제(전 효성그룹 회장)와 함께 삼성물산공사를 설립하며 서울에 자리 잡았다.

삼성은 6·25 이후 성장속도가 빨라졌으며, 1953년 제일제당, 1954년 제일모직을 설립해 제조업에 뛰어들었다. 1963년 동방생명과 동화백화점을 인수했고, 1965년《중앙일보》를 창간하고 새한제지를 인수해 그룹의 면모를 갖췄다. 삼성은 1969년 삼성전자 설립 후 1970년대에는 전자, 섬유, 화학, 건설, 관광 등으로 영역을 확장했다. 1987년 이병철 회장 사망 후 이건희가 회장직을 승계하면서 1990년대에는 이병철 회장의 자녀들이 기존의 계열사들을 나눠 갖는 계열분리가 이뤄졌다. 이때 CJ, 신세계, 한솔, 새한그룹이 분리됐다.

삼성그룹의 공식 후계자였던 이건희 입장에선 삼성 계열사들을 모조리 장악할 수 있었지만 계열분리시켰던 배경에 의문을 갖는 사람도 많다. 범삼성가인 삼성, CJ, 신세계 등이 지금 하나의 그룹이라면 삼성은 현재 전 세계적으로 유례없는 슈퍼 대기업이 될 수 있었기 때문이다. 이건희는 늘 우리 기업의 국제경쟁력을 강조해 왔다. 그런 그가 그룹을 분리한 이유는 무엇일까. 그의 육성 녹음 테이프에 그 답이 있었다.

이건희는 1993년 6월 신경영 선언 후 2~3년간 계속 계열 분리에 관심을 쏟는다. 육성 녹음 테이프를 통해 파악할 수 있었던 '이건희가 그룹을 분리하려고 한 이유'는 크게 세 가지다. 첫 번째는 반도체 등 삼성 주력 업종을 키우기 위해서는 비주력 업종을 분리시켜 경쟁력을 키워야 한다고 생각했기 때문이다. 두 번째는 각 계열사가 오너십, 이른바 '이병철 오너십'하에 일률적으로 움직이는 상황을 탈피하려 한 것이다. 세 번째는 이같은 상황에서 그동안 생겼던 형제들과의 의견충돌이 가시화됐기 때문이다.

이건희는 1980년대 초반 《중앙일보》·동양방송 이사 시절 삼성전자가 한국반도체를 인수하는 데 깊이 관여하면서 반도체 산업에 대해 높은 관심을 갖게 된다. 그는 이때부터 반도체가 미래의 한국을 먹여 살릴 신사업이라는 확신을 갖게 됐고, 회장 취임 후 반도체를 그룹의 주력으로 만들고자 하는 생각을 굳건히 하게 된다. 이전까지 삼성그룹의 주력은 긴 역사를 가진 제일모직, 제일제당, 제일합섬 등이었고 이건희는 이 주력 계열사에서 근무한 경력이 없었다. 형제들도 삼성전자와 인연이 없었다. 이건희는 자신의 그룹 내 입지를 확고히 할 수 있는 산업이 바로 전자와 반도체라고 판단하게 된다. 전자와 반도체가 확실한 미래산업이라 판단하고 이에 집중하기로 한 이건희는 '선택과 집중'에 꽂힌다. 노동집약적 산업인 제일제당, 제일모직, 제일합섬 등이 21세기에는 높은 이익을 가져오지 못할 것이라는 사실을 내다봤기 때문이다. 이에 이건희는 전자와 서비스업을 그룹의 주력으로 하고, 다른 산업은 분리시킬 계획을 세운다.

"삼성은 전자, 중공업, 제2금융만 주로 한다는 거. 지금 제당, 모직, 합섬 들고 있어 봐야 골치만 아프고 이익은 이익대로 안 나. 풀어줘서 네 멋대로 해봐라 하면 (잘될) 확률이 더 많지 않으냐 하는 생각이야. 삼성은 삼성다운 거를 하면서 세계 일류, 고부가가치로 가야 돼. 삼성에서 떼어낼 업종이 뭐냐, 삼성이 더 깊이 들어갈 업종이 뭐냐, 그 업에서 내 위치가 어디냐 이걸 완전히 분석해야 돼. 조선(造船) 같은 건 처음부터 안 했어야 되는 거야. 중공업 같은 것도. 삼성의 장래, 임직원의 장래, 전 그룹을 어떻게 가져가야 하는지 각 팀 각 부서에서 매일 걱정해야 되는 거야. 빼낼 건 빨리빨리 빼내고 내 대(代)에서 제대로 한번 해보자는 마음이야."

이건희가 계열 분리에 속도를 낸 것은 '이건희 체제'를 확고히
하기 위한 목적도 있었다. 이건희가 그룹 회장에 취임한 시점은
만 45세(1942년 생) 때다. 대부분의 삼성 임원이 이건희보다
5세 이상 나이가 많았고 비서실도 마찬가지였다. 이건희는
1993년 신경영을 선언한 것으로 알려져 있지만 그가 실제로
신경영과 질(質) 위주의 경영을 주창한 것은 회장 취임 직후인
1988년 초다. 그러나 이병철 체제에 물들어 있던 50대의
임원들은 "처음부터 끝까지 싹 바꾸라"는 젊은 회장의 말을 잘
듣지 않았다.

이건희는 취임 후 1993년 신경영 선언 전까지 비서실장을
세 차례 교체했다. 그러던 중 당시 삼성건설 대표이사인 현명관
사장으로부터 "지금처럼 그룹 전체가 일률적으로 돌아가는
체제가 아닌, 업종별 소그룹 체제를 만들어야 한다"는 조언을
듣고 경쟁력 강화와 효율성 증대를 위해 중점산업이 아닌
계열사는 떼어내고 대그룹을 소그룹으로 분류하는 시스템을

구상한다. 이는 업무 효율성 증대와 함께 '이건희 체제'를 탄탄히 하는 뒷받침이 됐다.

이병철 회장 사후 이건희는 형들인 이맹희-이창희와의 불편한 관계에 이어 경영에 참여하고 있던 누나(이인희)와 여동생(이명희)과도 미묘한 갈등에 휩싸이게 된다. 형제들은 그룹 내에서 자신의 몫을 갖고 있었는데, 삼성전자를 제외한 대부분의 계열사는 수익성이나 미래 성장가능성에서 불안요소가 많았다. 비주류 계열사를 갖고 있던 형제들은 대부분 그룹을 물려받은 이건희가 자신들의 수익 문제와 유동성 문제를 해결해주길 바라고 있었고, 이건희도 이를 알고 있었다. 이건희는 결과적으로 계열사들의 부담을 상당 부분 떠안게 된다. 한솔, 새한의 경우 계열 분리를 조건으로 삼성에 회사 인수금액 현금일시정산과 자금지원 등의 요구를 하는 내용이 육성 녹음 테이프에 담겨 있다.

이병철 삼성그룹 창업주와 이건희 회장.
ⓒ 월간조선DB

한국비료를 되찾다

이병철 회장은 1964년 박정희 대통령의 지시로 한국비료를 설립한다. 그러나 1966년 한국비료 사카린 밀수 사건이 터지면서 이병철 회장은 한국비료를 반강제적으로 국가에 헌납하고 경영 일선에서 1년여간 물러나며 삼성과 박정희 정권의 관계도 악화됐다. 이건희는 이 사건이 정치권의 공작과 집안 내 인물들의 밀고에 의한 합작품이라는 의구심을 가져왔다.

그런데 이 한국비료가 1994년 시장에 매물로 등장한다. 이건희는 선친이 애착을 가졌던 이 회사를 되찾기 위해 입찰에 들어가려 하는데, 당시 제조업계의 강자였던 현대그룹이 이를 인수하기 위해 나섰다. 이건희는 이 사실을 듣고 매우 언짢아하며 "어떤 방법으로든 한국비료를 되찾으라"고 지시한다. 그는 현대에 대해 "과거사를 다 알면서 어떻게 그럴 수 있느냐"며 "인간 도리에 맞지 않는다"고 비난하는 등 불쾌한 기색을 숨기지 않았다. 당시 이건 희는 삼성그룹이 대기업으로 성장할 수 있게 한 한국비료에 대해 큰 애착을 갖고 있었다. 입찰금액으로 수백억, 1,000억 원을 더 써 서라도 반드시 삼성으로 가져와야 한다는 입장을 이야기한다.

"끼어드는 현대가 정신 바짝 차리게 하라고. (현대가) 나가는 모든 공사 수주에 우리도 다 참여해. 그들 하는 제일 좋은 업종에 다 들어가라고. (한국비료) 상황 다 알면서 끼어드는 건 인간 도리 에 안 맞는 거야. (입찰금액) 1,000억 원 더 써도 상관없어."

이건희의 집념으로 한국비료는 경쟁사보다 수백억 원 더 많 은 금액을 써낸 삼성의 품으로 들어왔고, 삼성정밀화학이라는 이 름으로 삼성그룹 계열사가 됐다. 이 회사는 삼성이 2015년 화학 분야에서 손을 떼면서 롯데로 넘어갔다. 이건희가 쓰러진 2014년 이후의 일이다.

한솔그룹

이병철 회장의 첫째인 고(故) 이인희 한솔 고문은 아버지를 닮은 총명함과 대범함으로 부친의 총애를 받았다. 아들이었다면 삼성을 물려받았을 것이라는 얘기가 나왔고, 삼성그룹 사람들은 모두 이인희 고문을 '이 고문'이라는 호칭으로 존경심을 담아 부른 것으로 알려져 있다. 이인희 고문은 한솔그룹의 전신인 전주제지를 맡고 있었으며, 강북삼성병원 조운해 이사장과 결혼했다.

한솔그룹은 1991년 삼성에서 독립했지만 2~3년 후에도 이건희는 이인희 고문과 강북삼성병원 문제로 고민이 많았다. 강북삼성병원의 전신은 1968년에 이병철 회장이 설립한 고려병원이다. 1991년 한솔그룹이 독립하던 시점에 삼성그룹에서 분리돼 고려의료원이 됐지만 1994년 삼성그룹에 재인수되면서 강북삼성병원이 됐다. 삼성 재인수 전인 1994년 초 당시 고려의료원의 경영상태는 좋지 않았고, 시간이 갈수록 더 어려워지는 상태였다. 한솔그룹에서 이를 감당할 수 없을 정도가 되자 이인희·조운해 부부는 삼성에 병원을 인수해 달라고 제안했다. 이건희는 그들이 병원을 비싼 값에 삼성으로 떠넘기려 한다고 생각했고, 삼성 임원들 역시 이 점을 우려했다.

그러나 이건희는 "아버지가 만든 고려병원은 결국 우리가 가져와야 할 곳", "삼성이 만든 게 2류나 3류로 떨어지는 건 보고 싶지 않다"며 병원 측의 요구에 맞춰 인수하게 된다. 한솔제지가 《중앙일보》에 신문용지를 공급하고 있다는 점도 작용했다.《중앙일보》는 이건희의 처가이면서 이건희가 삼성 임원으로 사회생활을 시작한 곳이었다. 국제 지가(紙價) 폭등으로 신문사들이 경영난을 겪을 때에도《중앙일보》는 유일하게 흔들리지 않았고, 이같은 이유로 이건희는 한솔제지에 대한 지원에는 적극적이었다. 또 이건희는 큰누나이며 선친이 총애했던 이인희 고문에 대해서는 형제 중 유일하게 예우하는 모습을 보인다. 이 고문은 이건희보다 14세가 많다. 그룹 계열 분리 기간 내내 다른 형제에 대해서는 긍정적인 언급을 거의 하지 않는 이건희는 이인희 고문에 대해서는 "남매간에 잘 지내야 되지 않나"라는 말도 한다.

CJ그룹

　　CJ그룹은 1953년 설립돼 삼성그룹의 모태로 불리기도 하는 제일제당과 그 계열사들로 이뤄진 그룹이다. 제일제당은 이병철 창업주의 장남인 이맹희가 여러 이유로 후계구도에서 멀어진 후 자신의 몫으로 물려받은 회사로, 이맹희의 아들 이재현(現 CJ 대표이사 회장)과 딸 이미경(現 CJ 부회장)도 제일제당에 입사했다.

　　제일제당 계열사들은 1993년 7월 삼성에서 분리됐고 1996년 제일제당그룹(現 CJ그룹)이 출범했다. 제일제당이 삼성에서 계열분리 될 때 제일제당의 대표는 이맹희의 처남 손경식이었다. 현재 CJ그룹 회장으로 재직중인 손경식은 경기고-서울대 법대 졸업 후 삼성에 입사해 삼성화재 대표이사, 제일제당 대표이사를 거치며 삼성그룹 내에서 경영능력을 인정받은 상태였고, 이병철 창업주와 사실상 의절한 이맹희를 대신해 제일제당을 이끌어나가고 있었다.

다만 이건희는 창업주 장손(이재현)의 몫이라고 생각한 제일제당을 외가(外家) 즉 손경식이 좌지우지하고 있다는 불만에 사로잡혀 있었고, "제일제당은 (이병철) 회장이 장손인 재현이한테 준 거지 손(경식)한테 준 게 아니야"라고 주변에 토로하기도 했다. 이 때문에 이건희는 한솔 새한 신세계 등 다른 형제그룹과 달리 CJ와는 계속 불편한 관계로 지내게 된다. 삼성그룹과 CJ그룹은 1997년 법적으로 완전히 분리됐다.

신세계그룹

이건희의 여동생 이명희가 이끄는 신세계는 1991년 삼성에서 분리됐다. 하지만 계열 분리 이후에도 신세계는 여전히 유통업계의 2인자에서 벗어나지 못했다. 그러던 어느 날, 서울 강남구의 영동백화점과 관련한 보고를 받고 이건희는 화를 낸다. 당시 영동백화점은 IMF 금융위기 이후 경영위기에 처하면서 신세계가 경영위탁을 받아 운영 중이었다. 나산그룹이 이를 인수해 직접 운영하겠다고 했지만 신세계가 자신들의 위탁권을 포기하지 않는다는 보고였다. 당시 신세계는 백화점업계에서 롯데에 크게 뒤처지는 상황이었다. 나산이 신세계의 위탁경영을 거절하고 직접 운영하려 한 것도 신세계의 경영방식을 믿지 못해서였다. 이건희는 "(신세계는) 왜 백화점 운영의 본질을 모르느냐"고 역정을 냈다. 신세계가 잘못되면 이미 계열 분리가 됐더라도 아직 사람들이 신세계를 '삼성이 운영하는 백화점'으로 알고 있어, 삼성의 이미지에 손상을 입을 수 있다는 것이었다.

삼성은 1990년대 중반 경기도 분당에 대형 삼성플라자 백화점을 설립하기로 했는데, 이때 신세계는 노골적으로 삼성 측에 불만을 표시했다. 이건희는 "신세계 너희가 경쟁력을 키우면 될 것 아니냐"며 묵살하기도 했다. 당시 이건희는 삼성의 모든 계열사가 1등을 해야 한다고 강조하고 있었고, 이미 독립한 회사들 역시 1등을 유지해야 한다는 생각을 갖고 있었다. 특히 신세계에 불만이 많았다.

새한그룹

이건희의 둘째 형 이창희는 1970년대 새한전자와 마그네틱미디어코리아 등을 맡아왔다. 이창희는 1980년 새한미디어를 설립하고 회장을 맡았지만 1991년 백혈병으로 급사했고, 이후 아내 이영자와 아들 이재관이 회사를 맡는다. 새한미디어는 1995년에 삼성그룹에서 제일합섬을 넘겨받아 새한그룹을 완성한다. 이 역시 동생 이건희가 장악한 그룹에서 벗어나고 싶었던 이창희 일가와 합섬 등 비주력 산업을 떼어내고자 했던 이건희의 뜻이 맞아떨어진 결과다. 이 과정에서도 이건희는 자신에게 부담을 떠넘기고 독립하려는 새한그룹에 섭섭함을 표시하지만, 더 큰 뜻을 위해 이를 무마한다.

1994년 어느 날 비서실장이 "새한이 연말까지 분리를 할 것이며, 우리가 인사(人事)나 감사(監査)는 하지 않고 제일합섬 독자적으로 하도록 하고, 삼성은 노사관리 차원의 지원, 정보 공유, 자금 등 면에서 많이 도와달라는 의견을 제시했다"고 보고하자 이건희는 "좋은 건 지가 다 하고 책임은 여기서 지란 말이가?"라며 살짝 짜증을 내지만, 결국 "그렇게 하라"고 말한다.

이건희는 사실상 독립한 계열사들의 부담을 상당 부분 떠안고서야 계열 분리를 마무리 지을 수 있었다. 그룹 계열 분리를 대부분 마무리한 이건희는 측근들에게 형제들에 대한 섭섭함과 한탄을 늘어놓기도 한다. 이건희는 창업주의 3남으로 장자상속(長子相續)의 관행을 깨고 국내 최대 기업을 물려받아 세계적인 그룹으로 키워낸 입지전적 기업인이다. 그러나 그의 이면에는 피를 나눈 형제들과 치러야 했던 외로운 경쟁이 있었다.

이건희 컬렉션 이야기

이건희가 삼성의 2대 회장이 아니었더라면 리움미술관의 탄생은 요원했을지도 모른다. 이건희의 수집은 부친이 억지로 시켜 된 일이 아니기에 더욱 그렇다.
ⓒ 월간조선DB

이건희는 값을 따지지 않는
명품주의자

　　이건희의 유족은 2만3,000여 점의 미술품을 국립박물관과 국립현대미술관 등에 기증했고 이 작품들은 현재 '이건희 컬렉션' 전시로 큰 인기를 끌고 있다. 겸재 정선의 〈인왕제색도〉(국보 216호), 단원 김홍도의 〈추성부도〉(보물 1393호), 고려 불화 〈천수관음보살도〉(보물 2015호) 등 지정문화재 60건(국보 14건, 보물 46건)을 비롯해 국내에 유일한 문화재 또는 최고(最古) 유물과 고서, 고지도 등 개인 소장 고미술품들의 총 감정가는 3조 원에 달하는 것으로 알려져 있다.

　　호암미술관 부관장을 지낸 이종선 한국박물관협회 명예회장이 〈월간조선〉 2016년 3월호에 기고한 '삼성가(家)의 미술품 수집 이야기'에 따르면 이건희는 미술품의 값을 따지지 않는 '명품주의' 수집가였다. 당시 〈월간조선〉에 실린 이건희의 미술품 컬렉션에 대한 이야기 일부를 다시 소개한다.

미술계에서 삼성가의 행보는 오래 전부터 관심의 초점이었다. 굳이 박물관을 말하지 않더라도, 그들은 이미 수집의 중심에 항상 있어 왔기 때문이다. 수집행위가 대(代)를 이어 1대부터 2대, 혹은 3대까지 이어지기란 여간 어렵지 않다. 이병철 회장에서 시작된 삼성가의 수집은 이건희 회장을 통해 이미 2대에 걸쳐 이루어지고 있다. 그들은 박물관을 세웠다. 시민들이 그들의 행보에 주목하는 이유는 그들의 수집이 3대로 이어질지에 있다. 보도에 의하면, 삼성의 3대 이재용 회장은 옛 지도 수집에 관심이 있다 하니 두고 볼 일이다. 그러나 수집은 어렵고도 고생스러운 길로 접어드는 경우가 의외로 많고, 그에 대한 보상은 적거나 거의 없다. 많은 수집가가 당대에서 끝나는 경우가 흔하다. 수집은 돈이 있다고 되는 일이 아니다. 정성을 쏟아도 되지 않는다.

이병철의 '애국적 수집'

호암 이병철 회장의 수집은 특정 분야에 쏠리거나 집중되지 않았다. 이병철 회장의 취미생활이었던 수집에는 그의 취향이 잘 드러나 있다. 〈가야금관〉 같은 역사유물과 〈청자진사주전자〉, 〈군선도병풍〉 등 명품들이 대종을 이루고 있다. 특정 분야에 쏠리거나 집중되는 경향은 없었고, 고려 불화(佛畵)의 역수입에서 보듯이 애국적인 역할의 수집경쟁에 뛰어들었다. 수집을 서두르거나 값에 휘둘리지는 않았다. 노년에 접어들면서 수집한 유물들을 어떻게 해야 할지 고민을 많이 했다. 삼성문화재단을 설립하고 수집품 전체를 기증한 것은 그런 고민에 대한 해답이다.

이병철 회장은 골동품이나 그림에 관심이 많아서 그의 수집품들로 호암미술관이 가득 채워졌다. 일본에서 되돌려 받은 것도 있고 한때 북한의 골동품을 사들인 적도 있었다. 미술품에 대해 소유욕은 그리 강하지 않았지만, '한옥'에 대한 욕심만은 남달랐다. 용인에 목조 한옥을 짓고 노년을 보냈다. 옷이나 생활용품은 고급으로 명품(名品) 일색이었다. 겉으로는 물 흐르듯 고요하지만, 속으로는 엄청나게 깐깐한 사람이었다. 깔끔하고 단아하게 평생을 보내며 자신의 고집을 꺾는 일이 거의 없었다.

이건희의 수집철학 '명품, 일류'

이건희는 호암과는 다른 차원의 '리움 컬렉션'을 만들어 갔다.

삼성가는 국보급 문화재 160여 점을 소장하고 있다.(편집자주: 이건희 사망 전 기준) 일반에게는 거의 알려져 있지 않은 이건희의 '국보 100점 수집 프로젝트' 시작은 꽤 오래 전으로 거슬러 올라간다. 기업을 일구는 능력 못지않게, 이건희의 수집철학은 '명품'을 목표로 하되 일류가 되는 것이었다. 그의 이런 수집철학이 삼성의 경영이념에 보이는 넘버원, 즉 제일주의로 이어지지 않았을까 생각한다. 일류가 아니면 살아남지 못한다는 이야기는 여러 번 강조하는 중요 포인트이며, 이미 세상에 잘 알려져 있다. 그래서 이건희가 택한 건 국보 100점을 삼성이란 이름하에 두는 것이었다. 이건희가 심혈을 기울여 달성한 '국보 100점 수집 프로젝트'의 내용은 대단한 수집품이 아닐 수 없다. 대부분 1980~1990년대에 들어 집중적으로 수집한 결과인데 이는 탁월한 문화적 기여로 인정받기에 충분하다. 이건희의 목표는 명백했다. 이건희의 지론에 따르면, 시장에서 2등은 없고 오로지 1등만이 살아남을 수 있으며, 명품만이 그 명맥을 유지해 나갈 수 있기 때문이었다.

이건희는 미술품 수집에 있어서도 그만의 특색을 가지고 있었다. 이병철 회장은 비싸다고 판단되는 작품은 누가 뭐래도 구입하지 않았다. 쓸데없는 오해를 받지 않겠다는 생각 때문이었고 아무리 좋은 물건이라도 이병철 회장이 거부하면 주변에서 더 이상 권하지 않았다. 호암컬렉션(국보 12점, 보물 9점)의 면면을 들여다보면 명품의 수는 그리 많지 않다. 1960~1970년대에는 마음만 먹으면 얼마든지 좋은 물건을 살 수 있었지만 이병철 회장은 본인이 판단해서 '값이 싸면서 좋다'고 생각하는 작품들을 거둬들이는 경향이 강했다.

부친에 비해 이건희는 값을 따지지 않는 편이었다. 별로 많이 묻지도 않았다. 좋다고 하는 전문가의 확인만 있으면 별말 없이 결론을 내리고 구입했다. 그래서 현재의 삼성컬렉션(국보 37점, 보물 115점. 삼성문화재단 구입품 포함)에는 과거에 비해 명품이 상당히 늘었다. 어느 개인도 이보다 많지 않다. "특급이 있으면 전체의 위상이 덩달아 올라간다"는 이건희의 명품주의가 미술에 있어서도 적용된 결과라고 할 수 있다.

한계를 바꾸려 한 이건희의 집념

'다 바꿔'에 대한 이건희의 집념은 문화재 수집에 있어서도 기존의 한계를 바꾸고자 했다. 그 하나가 '국보 100점 수집 프로젝트'였던 것이다. 사실 말처럼 쉽지는 않았다. 1980년대 후반까지 여러 수장가의 알짜 수집품들이 거간을 통해, 혹은 직접 삼성으로 들어왔다. 다양한 수집품은 고대(古代), 현대(現代)를 가리지 않고 그 폭과 깊이를 더해 갔다. 그 결과 현재 삼성가에는 무려 160여 점에 달하는 국보급 유물들이 수집돼 있다.

이건희는 개인적 수집을 일찍부터 시작했고, 호암미술관과는 별개로 진행했다. 개인수집가들로부터 이미 상당히 좋은 작품들을 인수해 소장하고 있었다. 대표적인 유물로는 〈인왕제색도〉, 〈금강전도〉 등의 고서화를 비롯해 특급의 도자기들도 상당히 많이 있었다. 그런 가운데 본격적인 국보급 유물의 수집은 〈고구려 반가상〉으로 잘 알려졌던 김동현(편집자 주: 평양 출신 골동품상이자 수집가)의 수집품 인수로부터 시작됐다.

이건희는 백자통이다. 이병철이 '청자(靑磁) 마니아'라면, 이건희는 '백자(白磁) 마니아'였다. 그는 백자를 좀 더 깊이 알기 위해 홍기대(편집자주: 일제강점기 서울에서 고미술상을 운영했던 백자 전문가이며 〈우당 홍기대, 조선백자와 80년〉의 저자) 같은 이에게 백자수업을 많이 들었다. 도자기를 알려면 도자기의 생산 전반에 대해 알지 않으면 안 된다는 것이었다. 이건희는 한번 빠지면 끝을 보는 성미라서 그런지 나중에는 백자 감정까지 해도 좋을 정도가 됐다.

이건희의 부인 홍라희는 미술대학(서울대 응용미술학과) 출신의 미술관장으로 전문성을 갖춘 수집가로 손꼽힌다. 홍진기 중앙일보 회장의 장녀로 삼성가의 며느리가 된 그녀는 일찍부터 수집가 훈련을 받았는데, 시아버지 이병철 회장에게서 일정 금액의 돈을 받아 인사동 골동품가에서 값싼 미술품을 사면서 눈에 익혔다고 전한다. 삼성미술관-리움의 관장으로 재직하면서 전시회 개최나 미술계 인사의 접견 등 왕성한 활동을 벌였으며, 일선에 나서기 전에도 천재 비디오작가 백남준을 직접 만나 작품 수집에 포함시키는 일을 포함해 리움미술관의 현대미술

컬렉션을 주도해 왔다. 이병철 회장이 부인 박두을에게 엄격한 내조를 요구했던 데에 비해, 이건희는 홍라희가 미술계에서 왕성하게 활동하는 것을 적극적으로 지원하고 있는 것으로 보였다. 2008년 6월 삼성 특검(特檢) 당시 관장직에서 물러났던 홍라희는 3년 후 리움의 관장으로 조용히 복귀했다. 언론에서는 '여왕의 귀환'이라는 타이틀로 다뤘다. 경제계에서 삼성의 역할이 큰 만큼, 문화 쪽에서도 그의 활발한 활동을 암시하는 예후로 받아들였기 때문일 것이다.

\-

글 이종선 한국박물관협회 명예회장

이건희 육성이 세상에 나오기까지

현명관 전 삼성그룹 비서실장이 보유하고 있던 테이프들. DAT(Digital Audio Tape)는 40여 개로 약 20시간 분량이며, 이와 별개로 60분짜리 카세트 테이프는 20여 개가 존재한다.

이건희가 아꼈던
소니 DAT(Digital Audio Tape)

2020년 10월. 이건희 사망 직후 30여 년 전 녹음된 '이건희의 업무지시 육성 녹음 테이프'가 존재한다는 얘기를 들었고, 노력 끝에 입수했다. 사실 엄청난 기대는 하지 않았다. 대기업 습성상 비서실에서 각종 업무에 대한 보고를 하고 회장(이건희)은 가부간 결정을 내려주는 것이 전부 아닐까 생각했다. 전체 테이프의 분량은 총 수십 시간에 달했지만 이건희는 내성적이고 말수가 적은 사람으로 알려져 있는 터, 직접 말을 한 분량은 얼마나 되겠느냐는 생각도 들었다. 그러나 40여 개의 테이프를 하나하나 들으면서 놀랄 수밖에 없었다. 전체 테이프 분량의 80% 이상은 이건희의 육성이었다. 그 어느 곳에서도 찾을 수 없는 귀중한 자료였다.

우연한 기회에 '이건희 육성 녹음 테이프'를 입수했지만 문제는 테이프를 즉시 재생해서 들을 수가 없었다는 것이다. 처음 입수한 40여 개의 테이프는 모두 DAT(Digital Audio Tape)였다. DAT는 일반 카세트 테이프의 절반 크기이며 음질은 CD보다 훨씬 향상된, 1990년대 부유층이나 음악인 등 일부 계층에서 유행했던 녹음매체다. 서태지의 노래 가사에 DAT가 등장하기도 한다. 1990년대 흔히 사용됐던 휴대녹음기용 혹은 전화기용 테이프보다는 크고 가격도 훨씬 비싸다. DAT는 일본 소니에서 야심차게 생산했던 제품이지만 저작권 등의 이유로 비디오 베타 테이프처럼 역사 속으로 사라졌다. 1990년대 초반 신경영 추진 당시 소니의 기술력을 존경했던 이건희는 당시 최첨단 제품이었던 소니 DAT 플레이어를 가족과 측근들에게 줬고, 자신과의 대화 내용은 반드시 녹음을 하도록 했다. 녹음테이프가 유출된다 한들 아무나 들을 수 없으니 보안도 확실했다.

필자는 이건희의 육성이 담겨 있다는 DAT(테이프)를 재생하기 위해 일단 용산 전자제품 상가를 찾았다. 테이프를 들고 며칠간 발품을 팔며 50여 곳에 문의했지만 DAT 플레이어는 지금은 구할 수 없다는 대답만이 돌아왔다. 그 다음엔 종묘 구제상가와 청계천 인근 중고오디오 상가를 뒤졌다. 테이프 한 개를 들고 상가 내 모든 가게에 들어가 문의했다. 수십년간 장사를 해왔다는 사장님들도 "이건 없다"고 했다.

온라인 커뮤니티와 카페에서는 DAT 플레이어를 보유하고 있는 사람을 몇 명 찾을 수 있었다. 다만 플레이어를 판매할 생각은 없다고 했다. 비용이 얼마나 드는지에 상관없이 1990년대의 향수를 느끼는 데 집중하는 컬렉터들이었다. DAT를 디지털파일로 변환해 주는 업자들도 몇 있었지만, 비용은 둘째치고 모르는 사람에게 삼성의 은밀한 내용이 들어 있을지 모르는 테이프를 맡길 순 없었다.

구글링 결과 일본 옥션에서 1990년대 출시된 소니 DAT 플레이어를 중고로 판매하고 있었다. 소니 워크맨과 비슷한 크기로 판매 당시 가격은 10만~20만 원선이었지만 현재 최저가는 40만~50만 원대였고 더 비싼 것도 많았다. 테이프만 갖고 있는 상황에선 플레이어가 100만~200만 원이라도 사야만 했다. 문제는 제대로 작동하느냐는 것이었다. 일본 옥션 셀러에게 '중고이지만 제대로 작동하고 있다, 어댑터도 분명히 작동한다'는 확인을 여러 차례 한 후 익스프레스 배송으로 주문했고, 혹시라도 배달과정에서 분실될까봐 배송날짜에 맞춰 휴가를 내고 집에서 배송을 기다렸다.

마침내 집으로 DAT 플레이어가 배송됐다. 그러나 열어보니 아뿔싸. 110V 제품이었다. 30여 년 전 제품인 만큼 건전지팩은 당연히 작동하지 않았고 작동을 기대하기도 어려웠다. 어댑터를 연결하려 110-220V 호환이 되는 트랜스(변압기)를 사용해 봤지만 작동불이 들어오지 않았다. '내 50만 원은 그대로 사라지는 것일까'라는 생각은 물론, '간만에 잡은 특종을 놓치는 것일까'라는 생각에 눈앞이 캄캄했다.

고민하다 집 근처 국제전자센터에서 오랫동안 워크맨 수리점을 운영해 온 사장님에게 DAT 플레이어를 가져가 문의했다. 사장님은 "시간은 좀 걸리지만 수리할 수 있을 것 같다"고 했다. 한 줄기 빛이 보이는 심정이었다. 비용은 물론 비쌌지만 3일 후 제대로 작동하는 DAT 플레이어를 받을 수 있었다.

조심스레 테이프를 넣은 후 플레이(Play) 버튼을 누르고 재생이 시작되자 TK(대구경북) 억양이 역력한 이건희의 목소리가 들렸다. 테이프를 입수한 지 20여 일 만에 드디어 이건희의 진짜 목소리를 접하는 순간이었다.

시중에 나온 이건희 관련 책을 살펴보면 저자 대부분은 "이건희의 프랑크푸르트 선언 동영상을 보고 충격을 받았다"고 했다. 프랑크푸르트 선언 동영상은 현재 일반인이 볼 수 있는 유일한 장시간의 이건희 동영상이다. 말수가 적고 내성적인 것으로 알려진 이건희가 한 시간 이상 혼자 대본도 없이 말을 이어가는 장면은 놀라울 수밖에 없었을 것이다.

필자가 입수한 테이프에 담겨 있는 이건희의 연설은 프랑크푸르트 동영상 연설의 말투 및 속도와 거의 비슷하다. 각 파트의 마무리 부분에 장문의 연설문을 실은 것도 이건희가 얼마나 장시간 혼자 생각을 이야기하는지 보여주고 싶어서였다. 물론 내용 중 겹치는 얘기도 있고 주관적인 얘기도 있었지만, 자신의 머릿속에 있는 생각들을 그렇게 막힘없이 이야기할 수 있는 사람은 많지 않을 것이다.

30여 시간에 달하는 이건희의 육성을 녹취하고 월간조선 기사를 쓰기 위해 약 3주간 밤낮으로 '이건희의 목소리'에 파묻혀 살았다. 그 시대에 어떻게 이런 생각을 할 수 있는지 놀라울 뿐이었다. 하도 듣다 보니 꿈속에서도 "검토해봐" "다 확인했나?" 라는 이건희의 입버릇이 귓가에 들려올 정도였다.

필자는 주니어기자 시절 삼성 2진으로 출입한 적은 있었지만 이건희를 직접 만난 적은 없었는데, 장시간 목소리를 듣다 보니 이건희가 직속상사나 친척어른처럼 친근하게 느껴졌다. 녹취를 끝내고 출력해 보니 A4용지 더미가 두께 수십cm에 달하도록 쌓였다. '삼성 사장단을 제외하면 누가 나만큼 이건희의 이야기를 직접, 많이 들었을까' 라는 벅찬 생각도 들었다.

자료를 입수하는 과정에서 당시 월간조선 편집장이었던 김성동 전 편집장의 아낌없는 지원이 있었다는 점도 빼놓을 수 없다. 언론의 특종은 어느 순간 갑자기 나오지 않는다. 필자의 제안을 믿고 오랜 기간 지면 할애 등 취재원을 향한 신뢰와 지원을 아끼지 않았기에 어느 언론도 입수하지 못한 이건희 육성 녹음 테이프가 월간조선에 소개될 수 있었다.

책을 준비하며 다시 이건희의 목소리를 오랫동안 들었다. 육성 중 일부분은 월간조선 유튜브(월간조선TV)에 소개했지만 여러 이유로 이건희의 목소리 전체를 직접 음성파일로 독자들에게 소개하지 못하는 점은 아쉽다. 다만 육성의 소유권은 당사자인 이건희와 유족, 그리고 녹음 당사자인 현명관 전 회장의 몫이라 생각한다. 그저 대한민국 기자 중 유일하게 이건희의 목소리를 장시간 직접 들었다는 사실에 감사할 뿐이다.

맺음말

그동안 존재조차 알려지지 않았던 '이건희 육성 녹음 테이프'라니. 떨리는 마음으로 테이프를 하나하나 들었습니다. 이건희 회장의 목소리와 말투는 제 예상과 많이 달랐습니다. 그전까지 뉴스를 통해서는 이 회장의 느릿한 목소리만 들을 수 있었지만 테이프에서는 50대 초반 총기 넘치는 기업인의 면모를 확실히 느낄 수 있었습니다. 모든 말에 거침이 없었고 말의 속도는 상당히 빨랐습니다. 그러면서도 발음이 정확해 녹취가 어렵지 않았습니다.

한동안 집중해서 근엄, 분노, 한탄, 들뜸 등 다양한 감정이 실린 이건희 회장의 목소리를 듣다 보니 가까운 사람처럼 느껴졌습니다. 임원들을 향해 잔소리를 퍼붓거나 "제발 서류 만들지 마. 말이나 전화나 메모로 해"라고 말할 때는 성질 급한 여느 상사 같다는 느낌에 슬그머니 웃음이 나오기도 했고요. 가끔 언성을 높이며 한탄을 할 때면 왠지 공감이 가기도 했고, 욕설을 사용할 만한 상황도 많았지만 특별한 욕설은 없었고 영남지역에서 흔히 쓰는 '오라질'이라는 단어는 종종 나왔습니다. 이렇게 '몰아치는' 회장이 있었기에 삼성이 빠른 시간 내 세계 일류가 됐다는 느낌도 받았습니다. 몰아칠 때는 몰아치지만 직원의 처우나 복지에는 '삼성이 무조건 1등이어야 한다'며 꼼꼼하게 신경쓰는 세심함도 드러납니다.

삼성은 이미 이재용 시대에 접어든 지 오래입니다. 이건희 회장이 2014년 병석에 누운 후 이건희 회장의 주변인이나 그를 따르는 사람들은 거의 물러났고 삼성에도 많은 일이 있었습니다. 그러다보니 이건희 회장의 일생을 마무리하는 작업이 견고하게 이뤄지지 못했고 위대한 기업가의 생애를 우리 사회가 제대로 조명하지 못한 것 같은 안타까움이 남아 있습니다. 저의 책으로 독자들이 이건희 회장의 진면목을 조금이라도 더 알게 된다면 좋겠습니다.

역사적 가치가 있는 귀중한 자료를 제공해 주셨으며, 이 책의 실질적인 공동저자인 현명관 전 삼성물산 회장 부부께 깊은 감사를 드립니다. 또 취재에 많은 도움을 주신 이순동 전 삼성그룹 전략기획실 사장, 책의 방향을 조언해 주신 김문순 조선일보미디어연구소 이사장, 그리고 책을 펴낼 수 있게 지원해 주신 방일영문화재단과 이동한 조선뉴스프레스 대표께 감사드립니다.

2023년 상암동에서
권세진

이건희 회장의 일생

1942년 1월 9일	경남 의령서 이병철(父)과 박두을(母)의 8남매 중 여섯째(3남)으로 출생
1947년(5세)	서울로 상경해 혜화초등학교 입학
1953년(11세)	초등학교 5학년 때 일본으로 건너감
1961년(19세)	서울사대부고 졸업.
	연세대학교 입학했지만 부친 권유로 일본으로 유학 감
1965년(23세)	일본 와세다대학 상학부 졸업
1966년(24세)	미국 조지워싱턴대학교 경영대학원 수료.
	귀국 후 10월 동양방송 입사
1967년(25세)	홍진기 중앙일보 전 회장 딸 홍라희씨와 결혼
1968년(26세)	중앙일보·동양방송 이사. 미디어 경영 수업 시작
1974년(32세)	사재 털어 한국반도체 인수,
	이병철 회장으로부터 경영 능력 인정받게 됨
1975년(33세)	삼성공제회 이사장에 취임
1978년(36세)	삼성물산 부회장 및 삼성그룹 부회장에 취임

1982년(40세)	한국청소년연맹 이사, 프로야구 삼성라이온즈 구단장, 대한아마추어레슬링협회 회장, 대한올림픽위원회(KOC) 상임위원에 취임
1983년(41세)	반도체 사업 진출 공식화
1987년(45세)	부친 이병철 회장 타계, 11월에 삼성그룹 회장에 취임
1988년(46세)	삼성 제2 창업 선언
1993년(51세)	6월 '프랑크푸르트 선언'으로 신경영 선언
1994년(52세)	삼성, 한국 기업 최초로 영업이익 1조 원 돌파, 휴대전화 애니콜 첫 제품 'SH-770' 출시
1996년(54세)	국제올림픽위원회(IOC) 위원으로 선정
1997년(55세)	에세이집《생각 좀 하며 세상을 보자》출간
2000년(58세)	서울대학교에서 명예 경영학 박사 학위 받음
2003년(61세)	삼성 브랜드 가치 100억 달러(약 10조 원) 돌파
2004년(62세)	세계 최초 1기가바이트(Gb) '원낸드 퓨전 메모리' 개발, 수출 5,000억 달러(약 511조 원) 달성, 프랑스 정부로부터 레종 도뇌르 훈장 받음
2005년(63세)	고려대학교 명예 철학박사 학위 받음 미국《타임》誌 '세계에서 가장 영향력 있는 인물 100인'에 선정
2008년(66세)	삼성 특검 이후 경영 쇄신 위해 회장직에서 물러남 조세포탈 혐의로 징역 3년, 집행유예 5년, 벌금 1,100억원형 선고 받음
2010년(68세)	삼성전자 회장으로 경영 복귀, 삼성 최초 갤럭시 시리즈 '갤럭시' 선보임, 와세다대학 명예 법학박사 학위 받음
2011년(69세)	미국《포천》誌 '가장 영향력 있는 아시아 기업인 25인'에 선정
2014년(72세)	급성심근경색증으로 서울 용산구 이태원동 자택에서 쓰러짐
2020년(78세)	별세

THE REAL
이건희

초판 1쇄 발행 2023년 6월 7일
2쇄 발행 2024년 3월 20일

-

발행인 / 이동한
지은이 / 권세진
디자인 / 송진원

-

발행 / (주)조선뉴스프레스
등록 / 제301-2001-037호
등록일자 / 2001년 1월 9일
주소 / 서울시 마포구 상암산로 34 DMC 디지털큐브빌딩 13층

-

문의 / 02-724-6796, 6797
값 / 20,000원
ISBN / 979-11-5578-500-3 (13300)